Clezelda Magalhães

A Alquimia do Espírito

Relato de uma transformação espiritual

Clezelda Magalhães

A Alquimia do Espírito

Relato de uma transformação espiritual

Besouro Box

1ª edição / Porto Alegre-RS / 2014

Capa, projeto gráfico e ilustrações: Marco Cena
Revisão: Viviane Borba
Produção editorial: Bruna Dali e Maitê Cena
Produção gráfica: André Luis Alt

Dados Internacionais de Catalogação na Publicação (CIP)

M188a Magalhães, Clezelda
A alquimia do espírito: relato de uma transformação espiritual. / Clezelda Magalhães. – Porto Alegre: BesouroBox, 2014.
240 p.; 16 x 23 cm

ISBN: 978-85-99275-85-6

1. Espiritualidade. 2. Inconsciente. 3. Ciência. I. Título.

CDU 133.9

Bibliotecária responsável Kátia Rosi Possobon CRB10/1782

Edições BesouroBox Ltda.
Rua Brito Peixoto, 224 - CEP: 91030-400
Passo D'Areia - Porto Alegre - RS
Fone: (51) 3337.5620
www.besourobox.com.br

Impresso no Brasil
Fevereiro de 2014

SUMÁRIO

Agradecimentos

Agradeço a Deus por ter me revelado tanto, por ter confiado plenamente em mim e por ter me mostrado como beber da fonte do seu infinito amor.

Agradeço aos meus mestres espirituais, Joana de Ângelis, Pierre Weil e Saint Germain, seres de luz que apontam o caminho e revelam o necessário para o desabrochar do Ser que habita em nós.

Agradeço a Carl Gustav Jung por sua presença viva em mim e por ser a luz de toda essa caminhada.

Agradeço ao meu pai, José Floriano Magalhães, por ter sido a pessoa mais sábia que já conheci, exemplo de humildade, de simplicidade e de amor incondicional, e que atualmente no mundo espiritual continua presente em minha vida, sempre orientando e guiando minha caminhada: tua vida reflete tua grandeza.

Agradeço à minha mãe, Jessy de Oliveira Magalhães, a pessoa mais doce e suave que já conheci, a representação maior do puro amor.

Agradeço ao meu filho, Lucas Magalhães Roca, por ser uma das principais razões da minha existência.

Agradeço aos meus irmãos, pontos de luz em minha caminhada.

Agradeço às minhas amigas, Angela Tomassoni, Celi Gomes e Maria Cristina Flores por me revelarem o valor da amizade verdadeira.

Agradeço aos meus clientes por ter extraído desses encontros verdadeiros e amorosos tudo que eu precisava para transcender aos meus próprios obstáculos.

Apresentação

Encontraremos neste estudo o relato sobre a experiência de viver uma Emergência Espiritual, a qual podemos comparar com a sensação de experenciar o mais escuro do mundo e lá, onde toda a escuridão verte em vida, encontrar a estrela mais brilhante, é visitar o lugar do mistério onde ondas verdejantes fazem o intuir desarticular toda lógica, simplesmente porque é o encontro com o que de mais sagrado existe na vida. A experiência de viver uma Emergência Espiritual é se ver lançado na impermanente travessia do rio que atravessa a eternidade da vida para, então, revelar, por meio das suas curvas, a mais tênue diferença entre sanidade e insanidade, vida e morte, real e abstrato, luz e sombra, e é exatamente dessa composição que extrairemos a mais bela sinfonia.

Indo ao encontro das verdades supremas da vida e na tentativa de melhor compreensão do Ser Humano em sua perspectiva e jornada espiritual, por meio deste relato pessoal, buscarei elucidar o fenômeno da Emergência Espiritual, visando a um melhor esclarecimento a respeito desse tema tão relevante, o qual traz em sua essência misto de mistério e preconceito, justamente por exigir um olhar aprofundado sobre temas pertinentes à psique humana em todas as suas possibilidades de desenvolvimento da consciência.

Vale ressaltar que são infinitos os meios para o crescimento psicológico e espiritual, entretanto, cada ser humano trilha o seu próprio caminho para desenvolver-se evolutivamente e, assim, atingir o seu objetivo existencial em meio a tantas possibilidades de ser quem se é. A motivação para a realização deste estudo se dá por entender que, para sermos completos, não podemos omitir que uma crise pode significar muito mais do que um risco para a realização humana: ela pode ser também uma chance para a pessoa alcançar a sua realização por meio da possibilidade de transformação que é inerente a toda crise.

Para melhor entendermos essas crises de transformação espiritual ou Emergência Espiritual é preciso mergulhar nos conceitos e pesquisas feitas por Stanislav Grof, que foi quem mais dedicou seu tempo e estudos para o aprofundamento do tema. O autor refere que essas crises são momentos críticos na vida da pessoa, os quais desencadeiam fortes emoções e sensações, nas quais o ser humano é convidado a experimentar outros níveis de consciência, para muito além da consciência de vigília, rumando para uma profunda conexão com o todo, resultando disso um aumento considerável da sua percepção de universo. Ele salienta que essas crises possibilitam uma profunda transformação no eixo evolutivo, pois ocorre a transformação completa da personalidade do Ser que se vê envolvido na árdua tarefa de reconstrução. Vale ressaltar que esse processo, quando começa, lança a pessoa para dentro do Si mesmo, permitindo a ela encontrar novas formas e novos olhares do que vem a ser a vida, Deus e o mundo, alterando completamente sua forma de Ser, devido à revolução provocada por todas as experiências vividas no decorrer dessa crise.

Buscarei, por uma visão transpessoal dos acontecimentos, elucidar esse fenômeno, certa de que esse é um mergulho profundo que vai ao encontro do espírito, desnudando completamente a realidade material e da forma, abrindo caminhos para o despertar da experiência espiritual. Aqui vale lembrar que, ao longo de toda a jornada humana, facilmente iremos nos deparar com registros preciosos salientados por muitas disciplinas espirituais e tradições místicas, desde o xamanismo, chegando até as filosofias orientais, os quais nos brindam com rica e vasta sabedoria levando em conta os níveis mais profundos da mente humana. Bebendo dessa fonte, ampliaremos o olhar e buscaremos maior compreensão desses estados de consciência. Por meio desses relatos e registros, o que fica evidenciado é que muitas experiências dramáticas, profundas, transformadoras e complexas podem ser fruto de uma constante prática espiritual. Indo nessa trilha, é possível afirmar que a busca do Ser integral, em muitos casos, pode desabrochar de forma abrupta e dolorosa. Nessa perspectiva, buscando a melhor integração desse fenômeno, irei, por meio de um olhar da psicologia profunda, caminhar ao encontro de uma perspectiva mais abrangente e integradora de tais crises espirituais.

As revoluções do pensamento e o despertar de uma nova consciência aceleram-se na atualidade, fazendo surgir uma Nova Era da Consciência. Nesse sentido é urgente a importância de buscar uma nova e mais ampla forma de compreensão do ser humano, mais profunda e holística, revelando os aspectos em torno do Si e do Espírito imortal, para que realmente aconteça o encontro do Ser em sua inteireza. Essa nova era nos coloca frente à necessidade de maior entendimento e discernimento dos processos psicológicos, impulsionando a um desbravar de novas paisagens, novos paradigmas, novas formas de enxergar e, para que isso se realize, é fundamental a busca de uma visão totalitária do Ser humano em todos seus níveis de consciência.

A analogia da experiência aqui relatada com o processo da Alquimia brota como uma possibilidade por encontrar aí um caminho viável para o desenvolvimento espiritual. A Alquimia aponta a direção para maior compreensão sobre os processos profundos de transformação do Ser humano. Nela e por ela encontraremos o começo, o meio e o fim dessa intrépida jornada.

Partindo de uma perspectiva prática, busco não só a ampliação do conhecimento, mas também fomentar a reflexão sobre esse tema, visando apontar os riscos e as possibilidades desse momento tão especial que normalmente floresce em meio a uma tempestade de emoções e sentimentos. O certo é que esse momento existencial lança o Ser ao infinito, desacomodando completamente a vida de uma perspectiva de finitude para que, então, ele encontre no Si infinitas formas de compreensão do que vem a ser o Ser humano, a vida, a morte, a espiritualidade e Deus.

É de suma importância que os profissionais da psicologia e da psiquiatria estejam conscientes e tenham clareza a respeito desse tema, que consigam, por meio de maior conhecimento, superar os preconceitos e realmente dar o apoio necessário para quem passa por esse momento existencial tão delicado, o qual pode, sim, ser considerado como uma das maiores oportunidades de crescimento psicológico e espiritual. Contudo, é primordial, para que isso se torne realidade, que a pessoa imersa nesse processo encontre um terreno fértil para que as sementes da transformação existencial desabrochem livremente.

Estou certa de que não chegaremos a conclusões, no entanto, teremos aqui a possibilidade de aumentar as interrogações e, a partir delas, buscar novos pensares da perspectiva humana em sua trajetória existencial e espiritual. Viver toda a intensidade do processo da Emergência Espiritual é isso.

É no instante que a voz cala, sem justificar, sem explicar, sem a lógica usual da compreensão relativa, que temos a sublime possibilidade de abrir o olhar para um novo mundo, permitindo que as feridas revelem todo o ouro da jornada existencial; sim, elas são a grande oportunidade de significar nossa vida e apontar um novo sentido. E exatamente por isso elas devem ser lambidas, acolhidas, amadas e curadas, uma a uma, pois nelas está o livro da nossa vida. As feridas compõem a nossa história, ver por elas e por meio delas é a nossa grande missão existencial. Permitir ser revelado, esse é o ponto que abriga toda possibilidade de transcender a dor para viver o mais puro amor. Aqui reside o nosso maior desafio humano: ir além, cada vez mais, e sempre mais.

Confiança, entrega, renúncia e fé são ingredientes básicos para que a vida floresça, após cada corte, ainda mais bela e verdadeira, preenchendo de todo o esplendor o Ser que se abre ao novo, sem medos, apenas aprendendo a encontrar tesouro nas mais diversas situações, extraindo da adversidade a sublime arte de viver a vida.

Esse é o caminho, e o caminho se faz caminhando... Vamos!?

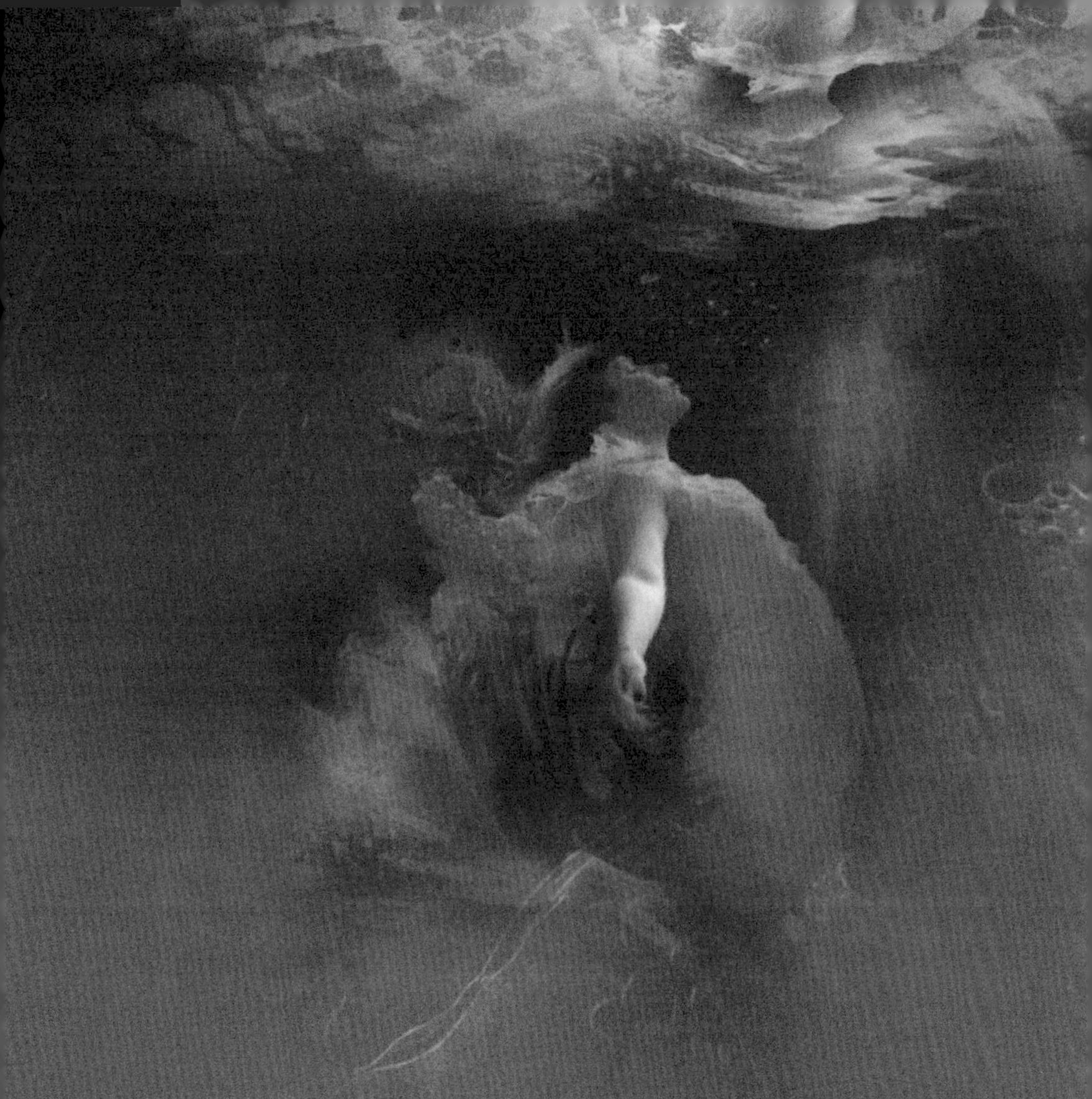

Capítulo I
Encontrando o infinito, vivendo o finito em mim

Finito e infinito dançando a dança do tempo, sendo o de ontem, fazendo brilhar o do amanhã, ao embalo de tantas possibilidades, faz vicejar a vida que se faz presente na eternidade do Agora.

Clezelda

O caminho aqui revelado não é de flores, mas certamente elas estarão aguardando no final da jornada. Elas desabrocham livremente durante o percurso, assim como também desabrocha o Ser, que compreende a marcha da vida e faz dela cenário para novos espetáculos, entendendo o propósito primeiro, despindo-se dos apegos, das ilusões, das contradições, munido das ferramentas necessárias na caminhada da vida, com fé, confiança, amor, entrega, desapego. O Ser caminha entre a graça e o absurdo indo ao encontro do mais suave perfume exalado pela flor da vida, que conduz o peregrino dessa jornada a um lugar encantado, onde a vida verte em mais vida, onde o horizonte se reveste das mais lindas cores. Há um lugar sagrado aguardando o momento certo para ser desvelado. Esse lugar está bem perto de nós, ele vive em nós. Apenas precisamos abrir caminhos até ele e permitir que ele se faça presente em nós.

Várias são as situações existenciais que nos colocam frente a desafios dignos de serem considerados intransponíveis. Diante de um desses momentos é que lanço a seguir experiências que nos convidam a abandonar o lugar comum e transitar por lugares longínquos e profundos para que possamos, juntos, ampliar nosso entendimento e compreensão do ser humano na sua jornada existencial e espiritual. Neste ponto, é necessário abandonar terrenos seguros e conhecidos para beber da fonte do desconhecido, indo no sentido que aponta o eterno como um caminho a traçar novas configurações. Ao escolhermos a vida, transitamos na morte; ao experenciarmos a morte, acordamos para a vida.

Resta-me o consolo e a certeza de que, nessa inusitada jornada, necessito apenas aprender a dançar ao embalo da luz e da sombra, tendo como possibilidade real compor novas e surpreendentes canções, reconhecendo que isso nem sempre acontece em um lugar comum, em uma zona de conforto. Em muitos casos é preciso se deixar levar a lugares misteriosos e amedrontadores, pois são parte do universo imenso da construção do vir a Ser, que, por vezes, faz sucumbir tudo que um dia pensou Ser para finalmente nos colocar de frente ao Si mesmo, sem subterfúgios, mas de forma reveladora, assustadora e também dramática. Teremos aqui relatos de um espírito inquieto na busca das suas próprias verdades, entendendo que, para enxergar além da forma, é preciso suspender o olhar para fora e mergulhar no seu próprio oceano, e com a mais bela forma do olhar buscar novas formas, novas possibilidades, pois, mesmo onde tudo parece escuridão, a luz brilha com mais intensidade.

A vida é movimento que conduz bruscamente a perfeição. Ela vem em círculos, retirando do caminho tudo que há de mais frágil e imperfeito, para que, assim, possamos finalmente abrir caminhos dentro de nós para enxergar toda a beleza da criação. Nessa perspectiva, está em nós compreender sua marcha e buscar no âmago de cada experiência a lição que nos dará a oportunidade de ir além, de ir ao encontro da verdade que aguarda o momento certo para sinalizar caminhos e abrir portais dentro de nós mesmos. Superação de obstáculos, superação da dor, superação do espanto, para só então contatar toda a grandeza que habita nosso Ser: esse é o caminho que aponta a crise espiritual. Esse é o caminho que trilharemos aqui na conquista de novos horizontes e de novas perspectivas em tudo que implica a jornada existencial, na busca do Ser que, adormecido, aguarda o momento do despertar para a vida para, assim, ganhar seu corpo em meio ao todo e a tudo, em meio às ruínas da velha forma, e ir adiante, seguir, encontrar a nova forma, o novo corpo, o corpo espiritual.

Acordo como quem acorda de um sono profundo, olho ao redor e percebo que o lugar é completamente diferente do meu lugar comum. Um pouco aturdida e a cabeça dando giros, busco saber o que está acontecendo. Vejo que, deitada na cama ao lado da minha, está uma jovem, aparentando uns 25 anos, e que parecia imersa em sua leitura. Busco sua atenção e interrogo:

– Que lugar é esse?

– Ela lentamente desvia a atenção do seu livro e, demonstrando estar surpresa com minha pergunta, procura meu olhar, responde e indaga:

– Uma clínica psiquiátrica, não percebeu?

– Uma clínica psiquiátrica? Mas o que estou fazendo aqui?

– Isso eu não sei. Mal sei por que estou aqui, imagina se irei saber por que você está aqui.

– Não! Isso não pode ser verdade! – minha cabeça rodava tentando achar respostas, na tentativa de entender o que estava acontecendo.

– A única coisa que sei é que vi você chegando ontem à noite, parecia muito mal, completamente medicada.

– Deve ser um engano. Eu não posso estar numa clínica psiquiátrica. Eu preciso falar com alguém.

– Não há engano algum, isso aqui é mesmo uma clínica psiquiátrica. Olhe ao redor e veja com seus próprios olhos. Tudo é morto, não tem vida, apenas medicação e enfermeiros medindo a pressão. Bem-vinda, essa é a sua mais nova realidade.

Olho ao redor e as grades da janela não deixavam dúvidas, era mesmo uma clínica psiquiátrica; eu só não estava entendendo como havia parado ali dentro. Ainda meio tonta e muito confusa por estar naquele lugar, caminho pelos corredores procurando entender o que estava realmente acontecendo. Ao transitar por aquela inusitada realidade, rapidamente percebo os sonoros e novos ecos ressonantes de uma clínica psiquiátrica. Olhava ao redor e tudo em volta parecia um filme dramático. Eu via pessoas caminhando de um lado para outro, alguns chorando, outros gritando e pedindo para sair dali. Uma mulher passou por mim e mostrou o seu corpo repleto de marcas, reação desencadeada por um processo alérgico devido à medicação que estava ingerindo. Assim fui convidada a adentrar nessa realidade de dor e tormentos emocionais. Ao ver um profissional, corro em sua direção para buscar explicações.

– O que estou fazendo aqui?

– Eu sou enfermeiro, procure falar com seu psiquiatra – diz ele, contrariado em meio às suas tarefas.

– Onde eu o encontro?

– Vá até a sala de atendimentos – ele aponta para o local e se afasta.

Caminho ainda meio incrédula, vendo tudo ao redor como se fosse algo impossível de estar me acontecendo. Ao bater na porta, sou recepcionada por uma jovem que me recebe com uma expressão distante.

– Olá, em que posso ajudá-la?

– Eu gostaria de entender porque fui trazida para cá. Eu preciso falar com meus familiares, saber o que está acontecendo lá fora.

– Não é possível você falar com ninguém de fora daqui. Você está incomunicável, são ordens do seu psiquiatra. Estou de plantão hoje, é só isso que posso lhe falar.

– Incomunicável? Como assim, sou prisioneira aqui dentro?

– De certa forma, sim.

– Que dia é hoje?

– 9 de dezembro.

– Por favor, eu preciso ligar para o meu filho. Ele fará vestibular e eu preciso desejar a ele boa sorte, preciso muito falar com ele.

– Impossível. Você não pode falar com ninguém de fora daqui.

– Deve estar havendo algum engano. Olhe o meu prontuário, eu não fiz nada para estar passando por isso. Você não pode me tirar o direito de desejar boa sorte para o meu filho justamente no dia de seu vestibular, isso é absurdo!

– Tente ficar calma e aproveite o tempo que permanecerá aqui para refletir sobre tudo o que aconteceu. É só isso?

– Como assim, "só isso"? É tudo isso! Estou presa aqui e não tem ninguém para me explicar o que está acontecendo!

– Estamos cuidando de você, precisa descansar e refletir.

– Meu Deus! Será que você não entende que não tem como descansar aqui dentro, como eu vou refletir em uma clínica psiquiátrica? Esse lugar é horroroso!

– Não dramatize, nem torne as coisas mais difíceis para você. Você precisa de um tempo afastada de sua rotina, só isso.

– Tenho uma vida lá fora, uma agenda cheia de compromissos, não posso ficar trancada aqui, prisioneira, sem nem saber o porquê.

– Sua psiquiatra falará com você assim que chegar o momento. Sugiro que volte para o seu quarto e tente aceitar o que está acontecendo.

Respostas era tudo o que eu não encontrava ali. O lugar refletia medo, angústia, preconceito e desamparo. Tudo o que vejo me desagrada profundamente por ser a representação maior de um depósito da incompreensão humana. Retorno ao quarto, inebriada por um misto de sentimentos e emoções completamente desconhecidos até então.

– Está melhor? Pergunta a menina da cama ao lado.

– Melhor? Como posso estar melhor? Não encontro sentido para estar aqui. Por que você está aqui?

– Tentei me matar.

– Como?

– Tomei muita medicação, mas infelizmente ainda não morri...

– Foi a primeira vez?

– Não, é a terceira. Você também tentou suicídio?

– Não, acho que não faria isso.

– Às vezes esse parece ser o único caminho, para mim foi assim.

– Mas você ainda está aqui e precisa seguir. Talvez não seja a hora de morrer.

– É, talvez não adiante insistir com a morte. O que preciso encarar é que nem a morte me quer – ao dizer isso, ela se vira para o lado e fica em silêncio.

Estar vivendo aquela realidade era o mesmo que estar diante de um enorme quebra-cabeça. Eu precisava entender o que estava acontecendo e como havia chegado até ali. Olhando uma enorme janela, vejo uma abelha lutando por sua vida, tentando sair para ganhar sua liberdade em meio às grades e à tela de proteção. Percebo que havia apenas uma pequena senda que seria o único lugar possível para ela conquistar sua vida em liberdade novamente. Dedico um tempo a observar aquela cena até reconhecer que, naquele momento, eu estava exatamente como ela. Eu precisava também encontrar a minha fenda ou senda, um caminho estreito que me conduziria a uma nova forma de ser. Olho para a menina ao lado e indago:

– Você está vendo aquela abelha na janela lutando por sua vida?

– Sim.

– Está vendo que há uma senda que a pode levar para a sua vida novamente?

– Sim, mas é muito pequena, quase invisível.

– Mesmo assim, ela existe. Nesse momento, somos iguais a essa abelha. Precisamos encontrar a senda que nos libertará dessas grades e que nos conduzirá a uma vida plena, feliz e em liberdade.

– Você é muito otimista. Acho que não tem senda alguma, vejo apenas sofrimento, dor e vontade de acabar com tudo o mais rápido possível. Não aguento mais estar viva, não suporto minha vida.

– A senda existe, estou certa disso, talvez o desespero a afaste.

– Queria muito poder acreditar nisso, mas estou muito cansada da vida. O fardo está pesado demais.

– Talvez esteja procurando no lugar errado. Provavelmente seja um erro de percepção.

– Você também deve estar procurando no lugar errado, do contrário, não estaria aqui.

– Concordo. A única diferença entre nós é que eu sei que a senda existe.

– Talvez essa senda, para mim, represente a morte.

– Penso que se fosse a morte, você já teria morrido. Você continua viva após três tentativas de suicídio. Talvez esteja na hora de encontrar a senda que a conduzirá a uma vida feliz.

– A única certeza que tenho nesse momento é que nem a morte me quer. Sabe de uma coisa? Vou ajudar essa abelha a sair dessa prisão – ao dizer isso, ela se levanta e liberta a abelha para continuar sua vida fora dali. E comenta:

– Pelo menos agora ela está livre para continuar sua vida fora desse inferno.

– Nosso dia também chegará.

– Não sou tão otimista assim. Só penso e desejo morrer, essa é minha fenda ou senda real, seja lá qual for o nome. A verdade é que adoro a morte – ela brinca.

– Você pode estar procurando vida na morte, parece ser isso. Talvez você precise entender mais sobre o processo de vida e morte. Na verdade, a morte não existe, é apenas uma ilusão, a ilusão da matéria.

– Não acredito em mais nada. Você acredita em Deus?

– Sim, como a única e grande verdade.

– Se Deus existe e você acredita tanto nele, por que você está aqui, vivendo essa realidade horrorosa?

– Talvez eu esteja aqui justamente porque Ele existe.

– Essa eu não entendi. Estar aqui, em uma clínica psiquiátrica porque Deus existe? Não faz sentido.

– Sim, mas é exatamente isso. Posso estar aqui hoje, vivendo essa realidade, porque Ele existe, e eu não tenho dúvida disso, de Sua existência.

– A única coisa lógica que posso pensar nesse momento é que se Ele existisse, nós não estaríamos aqui. Mais um tempo aqui dentro e você verá que Deus não existe. O tempo vai lhe mostrar toda a verdade escondida atrás dessas grades que nos separam da nossa vida, que nos separam da normalidade. Aqui dentro não existe Deus, esquece isso. Aqui é a realidade mais distante de Deus, essa é a verdade.

– Acreditar em Deus não é ser otimista, é saber que tudo tem um propósito, um sentido maior. Apenas precisamos encontrá-Lo, e estou certa de que O encontrarei.

– Continue acreditando em Deus, mas logo você entenderá do que estou falando, que Ele não habita este lugar. Deve estar em qualquer outro lugar. Inferno não é lugar para Deus, aprenda isso logo.

– Sempre acreditei que nesses momentos somos testados em nossa fé. Fé não é acreditar em Deus quando tudo está bem, é também sentir sua presença nos momentos mais difíceis. Não é uma questão apenas de acreditar em Deus, e sim de sentir sua presença, isso faz toda a diferença.

– Não sinto nada. Deus me abandonou há muito tempo. Minha experiência me diz isso, não há força salvadora para quem está aqui dentro. Ao sair daqui, você sentirá como se um rótulo fosse colocado na sua testa, nada nem ninguém tirará isso, sua vida terá esse registro para sempre.

– Estamos aqui, nada muda isso. O que pode transformar nossas vidas é o olhar que lançamos a essas experiências, que pode dilacerar ou ser movimento propulsor da transcendência.

– Suas palavras até soam bonitas para quem nunca tenha passado por aqui, mas, para mim, são distantes demais. Não há sentido, apenas um imenso vazio, gigantesco. Eu caí nesse vazio que é árido, escuro e seco.

– Você está se relacionando mais com a morte do que com a vida, e isso pode determinar o seu caminho. Você é jovem demais para colocar tudo a perder.

– Tudo está perdido para mim e isso já faz muito tempo, não há sentido na vida.

– A busca pelo sentido da existência deve ser sempre a bússola a guiar a caminhada. Não tenho dúvida de que para tudo há um sentido, um propósito maior, inclusive para essa sua vontade de morrer, há um sentido nisso para a sua existência. Na verdade, é preciso saber o que você deseja matar dentro de você mesma.

– Você fala em Deus e em sentido da vida dentro de uma clínica psiquiátrica. Certamente não encontrará sentido para estar aqui, assim como eu também não encontro sentido para estar na vida.

– Posso afirmar que logo encontrarei o sentido por estar vivendo tal experiência. Não somos seres soltos no mundo, somos seres em busca de um sentido maior que explique e integre nossa jornada na Terra.

– A vida é uma piada de mau gosto e eu não consigo achar graça em estar nela.

– Sabe, sempre acreditei que encontrar a graça da vida e na vida é nossa grande missão. Tudo depende do olhar lançado: as imagens podem ser repletas de beleza ou podem ser o reflexo do pior da vida. Eu sempre escolho ver a beleza, independente da situação, ela é o tesouro da vida, a beleza está em tudo, essa é a verdadeira graça.

– Graça na vida, sentido, beleza... Mas qual o sentido da vida, afinal?

– O sentido da vida é encontrar sentido em todas as experiências de vida, decodificar os sinais e ler com voracidade o grande livro da vida. É isso que precisamos fazer, é para isso que estamos aqui.

– O livro da minha vida deve ser um drama sem fim, nem eu sinto vontade de ler esse livro, não tem atrativo algum.

– O livro que iremos escrever depende do olhar lançado ao todo, do quanto absorvemos do néctar da vida.

– Você fala como se fosse uma escolha, e não uma condição da existência.

– A condição se transforma quando a escolha é assertiva.

– Não entendo, isso não faz o menor sentido. Estar aqui não tem beleza alguma, acredite em mim. Acho que tenho mais experiência do que você em estar aqui. Esse lugar é feio, horroroso e sem graça alguma.

– Dentro de nós reside o grande tesouro da vida, apenas precisamos contatá-lo. O externo é apenas reflexo do interno, não há diferença alguma, é exatamente a mesma coisa.

– Isso é muito distante de mim, não vislumbro tesouro algum. Apenas desejo o fim da minha vida e isso deveria ser respeitado. Creio que o suicídio é o grande tema humano, a maior questão existencial a ser revelada. Todos deveriam ter direito à desistência da vida.

– Com tanta beleza na vida, não vejo o suicídio como a grande questão humana. Como ser feliz na vida deve ser a grande questão. Sair de cena antes de o espetáculo acabar não é uma boa ideia.

– Se o espetáculo não vale a pena, devemos mesmo sair, é só isso que penso, é só isso que desejo. Minha vida é um palco completamente desprovido de espetáculo, só não entendo por que não consigo colocar fim depois de três tentativas, é muito torturante.

– Na vida, só saímos de cena quando o espetáculo acaba, quando cumprimos o nosso propósito. Isso tudo revela que você ainda não cumpriu o seu propósito. Você deve agora ficar e procurar, corajosamente, o seu propósito para estar aqui, o seu sentido existencial.

– O não sentido também pode ser um sentido.

– O sentido é o caminho do coração. Dele verte o real sentido da vida. Escute o seu coração e descubra o verdadeiro significado da sua vida.

– Posso saber qual o sentido da sua vida?

– O sentido da minha vida é meu desenvolvimento espiritual, é para isso que vivo, para evoluir sempre. Independente da situação que encontro, retiro dela o significado para seguir, para contatar com o essencial.

– Só não entendo como alguém com um sentido tão elevado precisa passar por aqui, pelo inferno. Não vejo explicação para isso.

– Não há como conhecer o paraíso sem antes passar pelo inferno, essa é uma grande verdade da vida. Para elevar-se, é preciso também afundar-se, aprofundar o olhar. O desenvolvimento espiritual percorre o seu próprio caminho, e cada um encontra o seu. Pelo jeito, o meu é transitar no escuro do mundo, navegar pela sombra humana e, talvez, ou exatamente disso, brote a luz que tanto procuro. O que sei é que nossa consciência desperta também por meio da dor. Provavelmente o meu caminho seja o de tornar consciente a escuridão para só então encontrar a luz. Uma grande verdade da vida é que não há como se chegar à luz apenas pensando, lendo ou refletindo sobre ela, e sim vivendo a vida na sua prática. Isso nos capacita para uma nova ordem, para uma nova forma de Ser no mundo, a partir da prática, e não do conhecimento de uma teoria. Você entende isso?

– Acho que sim. É meio complexo, mas escuridão, sombra e morte, isso eu conheço bem.

– Agora é preciso contatar a vida, a alegria, a felicidade. Você tem fome de vida e procura saciá-la com a morte.

– Fome de vida sendo saciada com a morte... É, parece que faz algum sentido, mas por quê?

– Você terá de encontrar as suas respostas sozinha.

– A minha senda.

– Exatamente. Somos eternos habitando um corpo de passagem por mais uma experiência terrena. Todos somos divinos e temos um propósito maior; resta-nos encontrá-lo.

– Queria muito acreditar nisso, mas estar aqui torna tudo ainda mais complexo e difícil para mim.

– Eu sei. Uma internação psiquiátrica não deve ser a melhor experiência da vida, acho que vou aprender isso estando aqui agora, mas mesmo ela pode ser uma oportunidade para o crescimento e o desenvolvimento humano.

– Gostaria de saber como...

– Aprendendo com tudo. A escolha é sempre nossa: ver apenas o sofrimento e a dor do mundo ou aprender o significado profundo de todas as coisas e situações.

– Aqui dentro há só dor e incompreensão batendo na porta da alma.

– Muitas vezes, esse é o caminho que a alma encontra para nos mostrar o real sentido da existência. Viver a dor conhecer o amor pode ser um caminho.

– Não sei de onde você tira tanto otimismo.

– Seria muito fácil ter uma visão otimista da vida sentada na minha poltrona de psicóloga, mas isso não basta, seria incongruente com minhas verdades a respeito da vida. Eu seria uma pessoa pessimista e negativista quando a vida vem me convidar para saber o que é a vida de verdade. Procuro ser congruente com o que acredito. É quando somos testados que contatamos com nossa verdadeira força.

– Então você é psicóloga?

– Exatamente.

– Mas como uma psicóloga vem parar aqui?

– Ainda não tenho respostas, mas as encontrarei em breve.

Dois profissionais entram no quarto e caminham em minha direção, um enfermeiro e uma médica. Ao me verem ainda acordada, comentam:

– Está na hora da sua medicação.

– Não preciso de medicação, nunca tomei medicação, sei que não preciso disso.

– Precisa tomar! – exclama ela.

– Não! Estou bem assim.

– Tome, não complique ainda mais a situação. Você tem que tomar.

– Não gosto de medicação, coloque essa medicação onde bem entender, eu não vou tomar.

– Prefere uma camisa de força?

– Camisa de força? – repito, incrédula, por jamais ter pensado que um dia escutaria tal advertência.

– Exatamente!

– Prefiro ficar em paz. Deixe-me em paz!

– Vamos, tome logo – ao dizer isso, ela coloca a medicação em minha boca que, em seguida, cuspo longe.

Ela me olha raivosamente e diz:

– Já volto, mas já vou avisando: você precisa tomar essa medicação.

Após alguns minutos ela estava de volta e, dessa vez, com mais medicação ainda. Vendo que não havia outra saída, coloco toda a medicação na boca e espero ela sair do quarto para, imediatamente, livrar-me dos remédios. Após isso, entra em meu quarto mais um profissional dizendo que a equipe médica queria me ver. Acompanho-o até o local. Ao chegar lá, uma cadeira estava reservada para mim. Enquanto vários profissionais me observavam, um deles me fez algumas perguntas para verificar minha orientação auto e alopsíquica. Tirando a confusão sobre estar internada, eu tinha plena consciência de tudo. Após breves questionamentos, sou liberada para voltar ao meu quarto. Chegando lá, a menina está ansiosa, me esperando.

– O que aconteceu com você? O que eles queriam?

– Nada, apenas queriam saber como estou, se estou consciente. Qual é o seu nome?

– Beatriz. E o seu?

– Clezelda.

– Diferente, não conheço ninguém com esse nome.

– Nem eu, provavelmente eu seja a única a ter esse nome. Beatriz, há quanto tempo você está aqui?

– Duas semanas.

– Tudo isso!?

– Com o tempo, nos acostumamos. Você também vai se acostumar. No começo é meio complicado mesmo. Não adianta brigar com a medicação, aprenda logo isso. Essa é a lei do local, acostume-se. Acho que tenho algumas coisas a ensinar para você também, e a principal delas é como viver no inferno.

– Não sinto a menor disposição para me acostumar com isso. Já consigo perceber algumas verdades do local e isso em nada me agrada.

– O fato é que não entendo como uma psicóloga vem parar aqui.

– É uma longa história.

– Você é louca?

– Acho que não, tudo me levava a crer que não. E você?

– Acho que não também, mas estamos aqui e isso nos faz loucas. Não somos normais.

– O que é a loucura, você pode me dizer?

– Você é a psicóloga, eu não sei. Só sei que quem vem para cá é louco, não é uma pessoa normal. Concorda comigo?

– O maior terapeuta do mundo já dizia: "Ser normal é uma esplêndida ideia para os fracassados. Penso que desejar ser normal é deitar-se eternamente na cama de Procusto".

– Quem é o maior terapeuta do mundo? Freud?

– Não. No meu ponto de vista, é Carl Gustav Jung, já ouviu falar dele?

– Pouco, falam mais de Freud. O que é a cama de Procusto?

– Procusto, segundo a mitologia dos gregos antigos, era um malfeitor que morava em uma floresta na região de Elêusis (península da Ática, Grécia). Ele tinha mandado fazer uma cama que tinha exatamente as medidas do seu próprio corpo. Quando capturava uma pessoa na estrada, Procusto amarrava-a naquela cama. Se a pessoa fosse maior do que a cama, ele simplesmente cortava fora o que sobrava. Se fosse menor, ele a espichava e esticava até a pessoa caber naquela medida. Deitar nessa cama é desejar ter o mesmo tamanho do outro, não respeitando as diferenças que compõem o nosso existir. Somos seres únicos, de tamanhos diferentes, com particularidades e singularidades que fazem de nós seres especiais, singulares frente à criação.

– Nunca tinha pensado por esse lado. Sempre queremos ser iguais aos outros, com medo do julgamento e dos rótulos. Eu também sempre quis isso e, mesmo assim, caí aqui dentro. Querendo ser normal, adoeci minha mente. Agora, além de não ser normal, sou considerada a doente, a louca, e nem sei quem sou. Estou completamente perdida e deitada no leito de Procusto. Depois de deitar nessa cama, o difícil é levantar e seguir vivendo.

– Esse é o perigo da padronização, o perigo da cama de Procusto na perspectiva individual, na qual não se olha para a singularidade. Isso reflete o desejo insano de querer atender a expectativas. Dessa forma, perde-se o contato com a essência de quem se é. A sociedade nos induz a isso e, sem refletir, acabamos absorvendo isso como a verdade e a melhor definição do que é saudável. Isso tudo gera um completo afastamento do Ser, uma completa falta de contato com o seu mundo interior. O olhar é lançado apenas ao externo e exatamente aí ocorre a grande quebra do olhar em sua perspectiva de beleza, potencialidade e aceitação da vida em sua real manifestação. Essa distorção doente, essa busca insana, corrói a alma e enfraquece quem percorre esse caminho. Esse distanciamento promove a completa perda de sentido existencial. Aqui, devemos nos questionar: quem sabe o todo esteja mais doente e louco do que as partes?

– O que quer dizer isso?

– Que talvez o sistema tenha adoecido, a sociedade como um todo seja a expressão de uma loucura parcial e ajustar-se a ela seria a maior das loucuras. Talvez estejamos aqui justamente porque não conseguimos nos adaptar a essa pretensa loucura. Esse ajustamento doentio pode ser chamado de normose, é uma adaptação à realidade de forma irreflexiva. O indivíduo normótico vive anestesiado na sua própria dor e é incapaz de seguir sua missão verdadeira, pois se encontra submisso e passivo às verdades que julga ter encontrado. Por algum tempo, até é possível viver dessa forma, mas, logo, o organismo, com sua sabedoria interna, com sua constante busca pelo equilíbrio, acaba mandando sinais de que algo não está como deveria estar. Surge, aí, um completo desconforto, que muitas vezes aparece como sintoma, como doença, como dependência das mais diversas. Se não pararmos para fazermos uma escuta honesta do que realmente necessitamos, a tendência é seguir viagem, acumulando na bagagem as faltas, e não as relíquias, da caminhada.

– Minha cabeça está dando um nó. Você está me dizendo que eu posso não ser a louca dessa história? Não havia essa possibilidade para mim, nunca pensei sobre isso, pois o que vejo é o reflexo do olhar da doença sobre mim e, nessa trama, eu me torno a doente, acreditando completamente nisso.

– Ter consciência sobre alguns aspectos nos livra de rótulos.

– Agora, a dúvida é: como manter-se saudável frente a esse todo corrompido, adormecido e um tanto doente? Tenho consciência de que não faço parte dessa realidade, e justamente por isso me revolto e desejo a morte. O que fazer, então?

– Não há outro caminho a não ser o autoconhecimento, a busca pelo sentido existencial. Daí advém toda a força para lidar com as adversidades impostas pela vida e pela dura realidade na qual em alguns momentos somos lançados.

– Situações como essa.

– Exatamente!

– Preciso pensar melhor sobre isso. Você fala de autoconhecimento, mas, se é psicóloga, devia se conhecer muito bem. Então, não entendo como veio parar aqui, não faz sentido.

– Talvez eu tenha sido chamada a sair da superfície para um aprofundamento ainda maior, e estar passando por esta situação pode ser apenas uma breve passagem para que eu consiga ver as coisas sob outro ângulo, de forma mais abrangente.

– Mas precisava ser em uma clínica psiquiátrica?

– Sei que atraímos as experiências que nossa alma precisa para desenvolver-se.

– Então, você já está conformada de estar aqui?

– Não exatamente. Estou tentando absorver essa experiência em mim.

– Você vê algum sentido em estar aqui?

– Ainda não, mas sei que verei. O sentido sempre está presente, mas precisa da hora certa para o despertar. Eu vou lhe contar uma história, acho que irá esclarecer alguma coisa para você.

– Sim, conte!

– No início da minha vida como psicóloga, eu tive uma experiência que me revelou algo muito importante sobre essa questão das expectativas e sobre como eu também estava caindo nisso. Desde o começo da minha carreira atendo basicamente a estudantes de psicologia e psicólogos, o que acho muito bom, pois permite que eu sempre busque o meu aperfeiçoamento teórico e prático. Os processos são sempre muito ricos e acabo me desenvolvendo muito. Reconheço que ter essa clientela em meu consultório é um grande presente, mas sempre considerei que a psicologia está muito além da poltrona do terapeuta: ela deve estar em todos os lugares. Então, uma das minhas primeiras clientes foi uma garota de programa. Eu a atendia no banco da praça, semanalmente.

– Sério? Por que no banco da praça?

– Ela me procurou e dizia não gostar da sensação de estar presa em um consultório. Respeitei a sua vontade. Acredito que a psicologia deva estar onde houver necessidade, sem preconceitos ou julgamentos, é isso que entendo como psicologia. Minha luta é contra hipocrisia. Vou sempre atrás das verdades da vida, esteja ela onde estiver, mas sei que, infelizmente, nem sempre é assim. Vivemos em uma sociedade que julga demasiadamente e, com isso, acaba perdendo o real valor e significado da vida. Entendo que o julgamento e o preconceito são os maiores venenos da alma, eles impedem e bloqueiam nosso avanço rumo à verdadeira compreensão humana.

– Também penso assim, reconheço que o preconceito é um câncer na sociedade. Eu sei o que é sofrer preconceito. Me conte, o que aconteceu com ela?

– O que eu posso lhe dizer é que, com ela, aprendi muito sobre a vida, para muito além da minha forma de compreender e de ver. Nunca esqueço a grande lição que ela me mostrou quando comecei a atendê-la. Ela era uma mulher linda, vaidosa, cheia de vida, um ser com um brilho diferente, um ser humano com uma riqueza interior muito grande e com uma história de vida dramática e ao mesmo tempo bonita. Logo no começo do tratamento, ela considerou parar de se prostituir e resolveu casar, o que achei fantástico, pois ela tinha três filhos espalhados com familiares. Assim, ela juntou todos e foram morar com o marido. Eles construíram uma família, ela tinha um lar para abrigar seus filhos, encontrou uma pessoa que gostava muito dela e a cuidava com muito zelo. Assim, o tempo foi passando, e eu ia ficando cada vez mais realizada, pois via o resultado a cada encontro. No entanto, ao mesmo tempo, ia também percebendo que seu brilho ia diminuindo, que sua força vital ia se tornando cada vez mais escassa. Enquanto isso, meu brilho crescia, pois ela estava conseguindo se ajustar aos padrões sociais, tinha uma vida digna, exatamente como acreditamos que deve ser. Eu estava me sentindo uma grande psicóloga com todo resultado que ela mostrava.

– Final feliz, então?

– Para ela, sim. Para mim, vi meu sonho ou minha maior distorção se transformando em pó ao receber uma ligação dela pedindo um horário com urgência. Jamais esquecerei aquele dia e as emoções que vivi. Chego ao banco da praça e ela já estava me aguardando, após um ano de atendimento. Vi havia um brilho diferente no olhar dela. Quando me viu, foi logo agradecendo por eu ter lhe concedido um horário fora no nosso combinado. Ela olhou-me profundamente e disse: "Você não imagina o quanto eu gosto de você. Eu gostaria de fazer psicologia para ser igual a você, mas cheguei a uma conclusão: esse não é o meu caminho. Por isso tomei uma decisão que irá mudar minha vida novamente, espero que você entenda. Sei de todo o seu esforço comigo, você me ajudou muito. Nesse tempo todo, pude me conhecer, foi maravilhoso. Reconheço a grande oportunidade você que me deu, mas essa não é a minha vida. Eu nunca fui tão infeliz. Não sou feita para ficar em gaiolas, eu me sinto um pássaro preso, um bicho enjaulado. Eu preciso de vida, eu preciso das ruas! Esta sou eu, é nas ruas que sou feliz, não tenho dúvida disso, eu não suporto mais essa vida.". Naquele momento, meu mundo veio abaixo. A grande psicóloga que eu me sentia por estar acompanhando tamanha revolução na vida dela precisou, por fim, aprender a maior lição: não podemos julgar as escolhas do outro com base no que consideramos o mais certo, o mais conveniente; por melhor que seja nossa intenção, esse sempre será o pior caminho. Finalmente entendi que ela estava se encaixando para atender as minhas expectativas, tentando se ajustar ao que eu considerava uma vida feliz e digna, e isso é a maior distorção do Ser. A sociedade e os familiares já criam e transferem expectativas demais para o que consideram apropriado, sufocando o Ser, que se vê sem alternativas para quebrar padrões e rótulos, em gaiolas de ouro. Essa é a verdade que aprendi com ela. Ela seguiu sua própria história, foi atrás das experiências que sua alma precisava para evoluir. Afinal, quem somos nós para achar que temos alguma fórmula de felicidade? Com ela, entendi que a psicologia deve sempre ir à direção do cliente, ele tem o sentido latente. Eu, como psicóloga, preciso apenas seguir essa direção, limpar o caminho, diminuir as distorções e chegar ao essencial, é apenas isso. Somente muito tempo depois, após viver toda essa desilusão profissional, é que pude perceber que a terapia havia alcançado o seu propósito, pois, de alguma forma, a liberou para ela ser quem era, para buscar a sua felicidade da forma que ela acreditava. Precisei lidar com a quebra da minha expectativa humana do que reconheço como uma vida ideal. Esse foi o ponto crucial de tudo isso. O processo teve seu êxito, reconheço e entendo essa verdade, mas demorei muito para ter essa percepção. É por isso eu lhe digo, Beatriz: no momento em que você limpar todas as expectativas que são lançadas sobre a sua pessoa, você não sentirá mais necessidade de morrer. Então, você vai encontrar o seu sentido, o motivo real de estar aqui, nessa vida, nesse momento. A partir daí, você irá apreciar verdadeiramente a vida. Não permita que ninguém mostre um caminho que só você pode traçar: essa é a sua missão como ser humano. O final será feliz ao caminharmos com nossas próprias pernas, não tenho dúvida disso.

– Nossa, que história! Acho que também aprendi minha lição. No entanto, aprofundando um pouco mais: ao superar essas distorções todas, indo além da hipocrisia imposta pelo todo, o que sobra?

– Sobra a vida de verdade.

– Entendo bem da morte, mas, afinal, o que é a vida?

– O que é a vida? Essa é a grande questão. Deite-se na cama por um momento.

Ela rapidamente se deita, estica bem seu corpo na cama e, sorrindo, diz:

– Completamente deitada no meu leito de Procusto, todo meu!

– Sim, esse leito é todo seu nesse momento, mas tente não levá-lo com você. Feche os olhos e respire lenta e profundamente, e mantenha a sua atenção apenas na respiração. Relaxe o corpo, liberte sua mente de todo pensamento, de toda inquietação, de toda preocupação, buscando apenas relaxar profundamente e sentir a sua respiração. Permaneça nesse estado de paz, harmonia e tranquilidade. Agora, preste atenção em seu coração. Sinta-o pulsando, acompanhe as batidas dele, vibre nele e por ele. Sinta todo o seu corpo sendo embalado pelas batidas do seu coração – ela permanece por algum tempo em completo silêncio, apenas sentindo seu corpo, em uma profunda conexão com ela mesma.

Quebro o silêncio para indagar.

– O que é a vida, Beatriz?

– Um coração batendo é perfeito. Por mais que eu deseje morrer, ele permanece ali, sempre batendo, me trazendo vida, querendo que eu viva. Ele é independente da minha vontade, da minha mente doente que deseja morrer: ele é saúde, é a própria vida.

– Isso é a vida, o sopro do criador. É esse ponto que precisamos religar, precisamos trilhar o caminho do coração. Nele reside a sabedoria, a força, a beleza – tudo que precisamos para nossas vidas. Aceite que há uma parte de você que deseja morrer, a parte mental das concepções ilusórias que você criou sobre você mesma. No entanto, há outra parte que deseja viver, pulsar no ritmo da vida. Integre-a completamente em você e deixe que ela conduza sua vida revelando uma nova forma de Ser.

– Começo a agradecer por estar aqui, começo a agradecer por tudo que tenho vivido. Acho que começo a entender o sentido de tudo isso, o sentido de eu estar aqui. Reconheço que ando fazendo tudo errado, então, tento o ajustamento. Quanto mais tento, mais desajuste encontro. Que paradoxo isso.

– Um grande paradoxo mesmo, mas ele acaba completamente quando o ajustamento é no sentido do seu coração, e não do que está fora dele. Entenda que você jamais irá agradar a todos, que precisa ir ao seu encontro, fechando os olhos para o brutal escuro do mundo e abrindo o olhar para a infinita beleza que habita seu Ser.

Fico em silêncio refletindo sobre nossa conversa. Eu precisava encontrar o meu próprio sentido, o sentido de estar vivendo todas essas experiências de vida. Busco em minhas recordações a cena da internação. Quando eu tento explicar para o médico o que está acontecendo comigo, digo a ele que eu havia transitado em várias realidades, que havia encontrado Deus e me comunicado com espíritos, com figuras infernais e angelicais, que eu havia subido ao céu e que havia viajado no tempo. Digo a ele que passado, presente e futuro se tornaram a mesma coisa em uma experiência completamente atemporal. Frente a essa realidade, ele abre as portas de sua instituição para que eu realmente conheça o inferno na Terra. Ao tentar levantar da cama, sinto uma forte dor no pé que chama minha atenção. Ao olhar, percebo que tem um corte na parte superior do meu pé, como se fosse uma chaga. Olho, incrédula, pois não tinha lembrança de ter me machucado. Na minha experiência, fazia parte da crucificação à qual fui submetida durante a transformadora realidade que se abriu para mim. Diante de toda a complexidade de estar vivendo uma experiência transpessoal e de estar em uma clínica psiquiátrica, fico frente a uma única realidade: a de que eu não conseguiria explicar racionalmente tudo que me acontecera. Fui lançada ao infinito e agora só me restava abrir espaço dentro de mim para, assim, tentar esclarecer o vivido, abrindo uma clareira na escuridão. Era, com toda a certeza, uma experiência com a qual não se aprende pela lógica, pela razão. A tentativa de expressar tal experiência carece de palavras, pois vai muito além da compreensão racional e das palavras que se possa querer encontrar. É tarefa dura e complexa dar forma ao que é mistério, sutil, campo de outras realidades e percepções.

– Clezelda.

– Sim?

– Eu estava pensando, tentando entender o que realmente aconteceu com você...

– A única coisa que posso dizer neste momento é que há muito mistério na vida; talvez esse seja um grande mistério.

A dúvida dela me colocava frente a mais pura verdade. Eu também não encontrava explicação. De tudo o que eu havia estudado em meu desenvolvimento como psicóloga até aquele momento, nada parecia abarcar o que de fato acontecera comigo. É como se eu tivesse frente a um novo mundo que se abria para mim. Eu sentia como pano de fundo uma surpreendente tranquilidade, como se eu já soubesse que viveria tudo o que estava vivendo. No entanto, minha mente, sempre tão voraz por explicações lógicas e racionais, encontrava-se aturdida diante do influxo de luz que recebia da desconcertante experiência de estar naquele local. Mergulho em meu silêncio na tentativa de achar algum ponto de apoio para tudo o que estava me acontecendo e encontro apenas o nada ecoando em todo meu Ser. Na manhã seguinte, acordo para minha mais nova realidade.

Beatriz, parecendo bem mais animada, questiona-me:

– Vou dar um passeio, será que você pode ir? Faz bem sair um pouco daqui, dar uma volta lá fora.

– Passeio?

– Sim! – diz ela, muito entusiasmada. – Está na hora, preciso do meu cigarro, senão "enlouqueço" aqui dentro. Vou lá, pergunte para alguém se você pode sair também. Ou melhor, eu pergunto. Já volto.

Ela deixa o quarto e novamente sou lançada às minhas indagações e inquietações existenciais. A sensação que eu vivia era a de que meu mundo, do jeito que eu o conhecia, desaparecera por completo. Recordo do sonho que tive dias antes, no qual minha casa havia sido invadida por água e havia sobrado pouca coisa diante da força da natureza. Agora, era exatamente assim que me sentia. Eu estava enfrentando uma devastação completa e a mim só restava encontrar forças para a reconstrução. A única certeza era a de ter vivido o infinito, de ter ido ao encontro do finito em mim.

Ela aproxima-se novamente e diz:

– Impossível, disseram que você não pode sair daqui.

– Obrigada, mesmo assim. Vá para o seu passeio e aproveite, ficarei aqui tentando entender tudo o que está acontecendo. Não se preocupe comigo.

– Trarei algumas plantas para enfeitar nosso quarto.

– Seria muito bom olhar para algo vivo e verde. Aqui dentro é tudo tão sem vida.

– Deixa comigo. Vamos dar vida a esse quarto, chega de tanta morte.

Fico olhando por entre as grades na janela a vida que transcorria suavemente lá fora. Em meus pensamentos, contato meu grande sonho que sempre foi ver a psiquiatria e a psicologia muito além das grades que aprisionam a vida e a alma das pessoas. Sempre sonhei com o dia em que essas grades desapareceriam por completo, dando espaço a um local que acolhesse o ser humano de forma totalitária, que o ajudasse a desbravar novas paisagens dentro dele mesmo, além dos rótulos e diagnósticos perversos, que têm em sua base uma visão doentia que serve como um cárcere de almas. Agora era eu quem me via completamente presa nessa teia que mesclava sonho e pesadelo, resultando em uma complexidade muito difícil de ser compreendida.

Logo Beatriz retorna trazendo em suas mãos várias flores e plantas. Ela volta-se para mim e pergunta:

– Gostou? Um pouco de vida para você.

– Amo flores! Muito obrigada! Precisamos de vida, de colorido, de perfumes.

– E precisamos reconhecer que aqui não tem nada disso.

– Somos nós a construir a nossa realidade, dando colorido ao local onde estamos. Independente do lugar, o importante é o toque pessoal.

– Vejo que você está bem otimista. Vou falar com minha médica, até mais.

Vou lentamente saboreando o novo momento. Em minha boca, sentia o gosto amargo da destruição e devastação. Eu tentava seguir meus dias mantendo uma tranquilidade que chegava a me consumir por dentro. No entanto, dias e noites transformaram-se em uma grande incógnita. Durante o dia, eu buscava refletir sobre tudo, e à noite, quando tentava dormir, eu ouvia uma voz firme e contente que dizia apenas: “Cheguei!”.

Frente a isso, eu só podia pensar que havia chegado meu fim, o fim de tudo o que eu conhecia como verdade até então. Contudo, a alegria e a firmeza daquela voz me abriam para uma nova possibilidade, completamente desconhecida por mim.

Assim passaram-se três infindáveis dias até que eu finalmente pudesse falar com a psiquiatra que estava cuidando do meu caso. Entro em sua sala e ela questiona-me:

– Como é para uma psicóloga estar aqui dentro?

– Sou humana; talvez isso explique alguma coisa, talvez explique tudo.

– O que aconteceu com você, Clezelda?

– Tive uma experiência de percepção de outras realidades. Uma experiência de se perder no todo, de encontrar a fonte da criação, de conhecer Deus, de me comunicar com espíritos; foi isso que aconteceu. Acessei outra realidade, uma expansão de consciência.

– Como você explica isso?

– Não explico, apenas posso dizer que foi isso que aconteceu.

– Como você tem se sentido?

– Estou bem, mas preciso falar com meus familiares, preciso saber deles. Tenho uma vida lá fora e preciso saber o que está acontecendo. Tenho uma agenda cheia de compromissos, não posso ficar afastada de tudo e todos.

– Isso não será possível, pelo menos por enquanto.

– Por que eu tenho de ficar incomunicável? É muito difícil ficar nesse completo isolamento.

– Neste momento, é preciso pensar em você, na sua recuperação.

– Não estou doente, será que não entende?

– Alguma coisa aconteceu para você vir parar aqui.

– Sim, aconteceu, uma questão espiritual. Devo ser castigada por isso?

– Não se trata de castigo. Você sabe como a psiquiatria vê o seu caso, afinal, você é psicóloga.

– Aos olhos da psiquiatria tradicional, poderia ser visto como Esquizofrenia, é isso?

– O seu caso é um caso clássico de Transtorno Bipolar.

– Transtorno Bipolar? Como assim? Nunca tive uma crise disso. Tenho uma vida normal, estou com 39 anos e até agora nunca precisei de medicação, nem de internação. Vivo para minha família e minha profissão, sempre tive uma vida dentro dos padrões da normalidade, apenas tenho como foco existencial o meu desenvolvimento espiritual. Não posso acreditar que estou ouvindo isso. Essa é minha cama de Procusto, então?

– Cama de Procusto?

– Deixa pra lá, devaneios de uma mente que não para de pensar e questionar.

– Sei que pode ser meio assustador neste momento, mas você precisa aceitar essa realidade. Tem um livro que eu gostaria que você lesse, talvez lhe ajude a entender melhor o que está acontecendo.

– Qual livro?

– *Uma Mente Inquieta*. Você conhece?

– Não.

– Seria elucidativo para você.

– Gostaria muito de ler, se eu não me entender, pelo menos ajudará a passar o tempo aqui dentro.

– Posso pedir para seus familiares, pode ser?

– Sim, por favor, faça isso. Preciso ler alguma coisa, senão enlouqueço de verdade. Não há nada para fazer, não há nem psicólogos para uma conversa, é um real encontro com o nada.

– É do que você precisa neste momento.

– Preciso da minha vida de volta, apenas isso.

– Não tente minimizar o que aconteceu.

– Não estou tentando minimizar, recordo de tudo, absolutamente tudo.

– Então, entende por que está aqui?

– Não, não entendo. Você não acha que já sabemos muito sobre o ser humano doente e pouco sobre o ser humano em sua totalidade, em seu verdadeiro Ser, em equilíbrio com seu inconsciente, o ser humano em sua inteireza? Talvez eu esteja sendo preparada para ver além da pequena ponta do *iceberg*, que vivemos acreditando que seja a representação do todo, da consciência em si. Estou vendo que há muito mais coisas aí, estou sendo convidada a descobrir o que há lá embaixo. O que sei é que conhecemos pouco nossa mente e todas as possibilidades que temos. Isso pode não ser doença, pode ser a saúde em sua total forma.

– Aceite o que está acontecendo, apenas isso.

– Você acha que um rótulo explica e define tudo?

– Neste momento, você está precisando de ajuda, aceite isso.

– Sou psicóloga e sempre lutei contra rótulos e diagnósticos, que servem apenas como prisão. Há anos tenho trabalhado para libertar meus clientes das suas prisões existenciais, seria incongruente eu simplesmente aceitar isso como doença e não enxergar toda a luz que recebo nesse momento. Você acha que a medicação e o rótulo irão impedir de ver o que vejo, de enxergar também outras realidades?

– Não dificulte ainda mais sua vida. É isso, tente aceitar essa realidade e o seu diagnóstico.

– Conhece o mito da caverna?

Eu estava consciente de que essa simples pergunta a faria sedimentar meu negativo prognóstico, ou seja, com certeza, a seus olhos, meu caso era um caso perdido. Mesmo assim, ou justamente por isso, segui com meus devaneios filosóficos.

– Mito da caverna, Clezelda?

– É, e se essa realidade for apenas uma ilusão, o reflexo da verdadeira? Já pensou alguma vez sobre isso?

– Clezelda, falarei com seus familiares ainda hoje sobre o livro que eu indiquei. Você compreenderá que seu caso é muito parecido com o dela, Transtorno Bipolar, um caso clássico. Com qual abordagem teórica que você trabalha?

– Na verdade, passo por uma transição. Sou uma psicóloga humanista, mas atualmente faço pós-graduação em Psicologia Transpessoal. Comecei a ter de lidar com fenômenos paranormais em minha clínica, e por isso senti a necessidade de ampliar meus horizontes teóricos. Encontrei na Transpessoal o embasamento teórico de que eu necessitava para dar sentido à minha prática. Conhece algo a esse respeito?

– Não, nada.

– Nunca ouviu falar sobre Psicologia Transpessoal?

– Aqui dentro somos psicanalistas.

– Sim, sei, e agora posso dizer que sinto na carne o reflexo disso.

– Estarei na clínica, qualquer coisa de que você precisar, estarei por perto.

– Está bem.

Eu tinha completa noção de que a Psicologia e a Psiquiatria tradicionais não levavam em conta a possibilidade da existência de outras realidades, as espirituais. Atualmente, não se usa mais a Inquisição para esses casos, como acontecia no passado. O mais moderno e atual é o uso da camisa de força medicamentosa, essa é a forma moderna de lançar na fogueira quem se atreve a enxergar o invisível, o além-matéria.

Retorno para o meu quarto consciente de que eu estava apenas no começo de uma longa jornada. Tudo indicava que eu passaria um longo tempo ali dentro. Retorno decidida a tornar esse tempo o mais proveitoso possível. Quando somos surpreendidos por situações como essa, abre-se para nós duas possibilidades: ou sucumbimos, ou superamos. Naquele momento, eu escolhi ir além, eu queria transcender e buscar evoluir com toda essa experiência que estava vivendo, por pior que pudesse parecer. Eu sabia que ali também estava latente uma oportunidade de melhorar como ser humano, e para que isso fosse possível, eu precisava, sim, aceitar e tentar tornar o tempo ali o mais produtivo possível. Chego ao quarto e pergunto às meninas que ali estavam:

– Eu costumava correr diariamente, por isso, irei correr aqui mesmo. Preciso manter minha saúde mental e a corrida sempre foi muito importante na minha vida, o esporte de uma maneira geral. Algum problema para vocês?

– Para mim nenhum, apenas não me convide para correr com você, detesto esporte, vou apenas lhe assistir – disse Beatriz.

Aproveito todo o espaço do quarto e faço dele uma pista de corrida. Enquanto praticava meu esporte, sou surpreendida pela médica, que abre a porta e me vê correndo. Ao presenciar tal cena, apenas escuto sair de sua boca:

– Você está muito agitada. Precisamos aumentar a dose de medicação.

Tento, em vão, argumentar:

– Não estou agitada, estou me exercitando, é só isso.

Ela dá de ombros e sai, me deixando entregue a um dos meus mais terríveis medos: o uso abusivo de medicação. Até aquele momento, eu estava conseguindo burlar as leis medicamentosas da clínica, não estava ingerindo a medicação. Logo eles perceberam e começaram a diluir a medicação, tornando impossível qualquer tentativa de não ingeri-la.

– Que azar! Agora vão aumentar a sua medicação, e tudo isso porque você apenas queria praticar esporte! – exclamou Beatriz.

– Parece que a intenção deles aqui é bem clara: tornar você um vegetal, sem reação alguma, deixar você completamente anestesiado. Esse é o único caminho que eles conhecem, mas continuarei a me exercitar, preciso disso, é questão de sobrevivência.

– Tentativa de sobrevivência no inferno.

– Chame do que quiser.

Enquanto isso, eu percebo a outra menina compenetrada em suas pinturas e logo pergunto:

– O que você está fazendo?

– Pintando mandalas. Você quer pintar também? Tenho várias.

– Quero sim, talvez ajude.

Passamos horas pintando. Logo nosso quarto estava uma verdadeira exposição de mandalas, cada uma mais linda do que a outra. Assim conseguimos tornar nossos dias ali mais suportáveis e amenos, aproveitando a potencialidade terapêutica que a mandala propicia. A palavra mandala procede do sânscrito e significa círculo sagrado ou mágico. Toda mandala está concentrada em seu núcleo, de onde todo o movimento parte e para onde tudo conduz. O meu momento existencial era exatamente o de buscar o centro, o núcleo de quem eu realmente era, onde tudo o mais se desfaz como uma morte súbita. A sensação de morte, de finitude, era muito presente. Era como se eu tivesse chegado ao limite de algo para que algo completamente novo nascesse, porém, o novo despontava repleto de medo e incerteza. Eu enfrentava a morte do ego e, com isso, havia uma abertura total ao mundo sutil, ao mundo do mistério.

Passei oito dias sem poder sair para os passeios e sem saber nada da minha vida lá fora até finalmente chegar o dia de sair do meu castigo. A médica me chama avisando que eu poderia falar com meus familiares, que meu marido viria me ver. Naquele momento, vivi um misto de alegria e apreensão, pois não sabia como seria esse encontro. Eu estava certa de que por mais que me conhecesse, dificilmente ele entenderia o que estava acontecendo comigo, era complexo demais até mesmo para mim. Independente de qualquer coisa, eu precisava, sim, enfrentar esse momento, estava ansiosa por isso, queria saber como estava a vida fora daquelas grades. Na hora marcada, ele chega:

– Como você está?

– Tentando superar esse momento. Como estão todos?

– Você precisa descansar. Não se preocupe com nada, está tudo bem. Trouxe o livro.

– A médica disse que eu me entenderia lendo este livro. Acho que aqui dentro ninguém entende o que estou passando. É uma visão limitada de ser humano, estou esbarrando nessa limitação e na fragmentação da visão de ser humano. Confie em mim, eu vou superar isso aqui.

– Eu sei disso, você sempre superou tudo, seja forte que tudo ficará bem.

– Você acha que sou louca?

– Não complique ainda mais as coisas para todos nós; eu sei que você não é louca. Trouxemos você para cá porque não tínhamos outra escolha, foi o melhor a fazer naquele momento. Você precisava descansar, estava trabalhando demais. Aproveite para descansar.

– Descansar aqui dentro? Parece a maior loucura. Eu gostaria de sair daqui e retornar a minha vida. Não me sinto doente, pelo contrário, vejo essa experiência como a maior possibilidade de transformação. É uma bênção ter vivido tudo que vivi, ter enxergado tudo que enxerguei, mas é desconcertante estar aqui dentro.

– Eu não posso tirar você daqui, tente entender.

– Será que é tão difícil de entender que isso que vivo nada tem a ver com doença? Talvez seja o caminho para a saúde plena, eu preciso apenas caminhar por esse caminho que se abriu para mim.

– Vamos confiar nos médicos, fazer o seu tratamento conforme eles estão prevendo, não dificulte ainda mais as coisas. Confie na medicina, confie neles.

– Você acha que tudo se resolve com medicação até eu ficar completamente dopada e perder completamente o contato com meu emocional. Eles estão me dopando, e você sabe a minha visão sobre isso. Essa sempre foi minha luta, e é terrível estar agora presa nessa teia, a teia contra a qual sempre lutei. Talvez você pense como eles, que a medicação pode apaziguar tudo. Afinal, você trabalha na indústria farmacêutica e também acredita que medicação é a salvação para todos os conflitos da alma, do corpo e do espírito. Eu não vejo dessa forma, sabe como penso, sabe no que acredito. Aqui dentro não encontrarei minhas respostas. O que preciso mesmo é sair daqui e retornar à minha vida, não tenho tempo a perder.

– Não posso fazer isso. Eu fiquei muito confuso com tudo, preciso acreditar em alguma coisa, preciso acreditar que eles vão lhe ajudar.

– Seria muito bom poder contar com o meu marido nessa hora.

– Pode contar comigo, mas não posso tirar você daqui. Você precisa descansar e voltar bem para nossa vida. Você quer que eu traga o Lucas para lhe ver?

– Eu prefiro que ele não me veja aqui dentro, quero poupá-lo dessa visão.

– Não dramatize a situação, todo ser humano enfrenta situações para as quais precisa de ajuda, esse é o seu momento. Reconheça que você também precisa de ajuda, que está precisando agora, deixe as pessoas lhe ajudarem, pelo menos uma vez na vida, isso pode ser bom para você. Um grande aprendizado é reconhecer que também temos fragilidades. Você sempre se colocou no lugar de quem ajuda, agora é sua vez de ser ajudada; troca de papéis, não é isso que você costuma dizer?

– Reconheço que preciso de ajuda, sim, mas não da ajuda que estou tendo aqui. Será que você não entende? É um olhar duro que não leva em conta o todo, que jamais entenderia o que é viver algo dessa magnitude, que jamais entenderia o Ser humano global, inteiro, em sua jornada cósmica e espiritual.

– Eu também não entendo.

– Pois saiba que eu lhe entendo, pois esse não é o foco da sua vida. Você não tem preparo para entender o que falo, eu consigo lhe entender por não me entender.

– Apenas lhe peço para ficar calma e aproveitar esse tempo aqui dentro para pensar em você. Olha como você está magra, não está se alimentando direito?

– Entendo que foi uma experiência diferente, entendo o medo de vocês, e a única coisa que posso dizer neste momento é que tentarei integrá-la à minha existência. Não sou louca, apenas fui lançada a outras realidades. Sei que isso pode ser assustador para vocês, assim o é para mim também, . A única coisa que sei é que aqui dentro não serei entendida, nem ajudada.

– Confia nos profissionais que estudaram e que estão aqui para lhe ajudar.

– É tudo uma forma de olhar. O olhar deles aqui dentro é um olhar para a doença. Não me sinto doente, pelo contrário, já disse, enxergo tudo como uma grande possibilidade.

– Entenda que você também não tem resposta para o que lhe aconteceu, apenas deixe-os cuidarem de você.

– Ainda não tenho respostas, mas sei que as encontrarei.

– Tente mudar sua forma de pensar e aceite o que eles têm para lhe dizer.

– Aceitar o quê? A loucura? A doença? O uso abusivo de medicação? É isso que você quer que eu aceite? O que eu vivi foi uma experiência de êxtase, de conexão, de dissolver-se no universo, algo inebriante, grandioso e luminoso.

– Não entendo o que você fala, nunca ouvi nada sobre isso.

– Eu compreendo, compreendo seus medos, anseios e desconhecimento a respeito do assunto, mas essa é a realidade. Foi uma experiência espiritual, de abertura, fui iniciada na jornada, fui chamada para ir além. Estou sendo convidada a buscar o essencial, a me abrir a um novo e misterioso mundo, o mundo da invisibilidade, do despertar para uma nova forma de Ser. É apenas isso que está acontecendo comigo, tente entender. Sei que o caminho é longo e pedregoso, mas estou disposta a segui-lo. Independente das curvas que encontrarei, saberei ir ao encontro das verdades que se revelam em um momento como esse.

– Aceite ajuda, é só isso que lhe peço. Você tem muita dificuldade para ser ajudada, e esse é o momento em que deve deixar a psicóloga de lado e permitir que a sua pessoa receba do outro algo que possa fazer algum sentido, afinal, essa é a sua ciência. Você se capacitou para entender o ser humano, para entender a mente humana, já sabe exatamente tudo o que está vivendo, aceite, apenas isso.

– Minha ciência vai bem mais além do que isso que recebo aqui, minha ciência vai ao encontro do ser humano saudável, do ser humano em todo o desenvolvimento de sua potencialidade. Aqui, esbarro com a fragmentação e a limitação do olhar, é isso que vejo, é isso que sinto, é isso que vivo aqui dentro. Mas tudo bem. Ficarei aqui o tempo previsto e tentarei, então, aprender com tudo o que estou vivendo. Talvez eu precise mesmo conhecer esse universo, viver além da teoria, experenciar a prática. Pode ser por isso e para isso que eu esteja aqui, e daqui irei renascer em um novo mundo. Sei que minha tarefa daqui para frente será integrar luz e sombra. Dentro de mim vejo toda a luz, toda a beleza, todo o esplendor. Fora de mim vejo o reflexo do desprezível, do abominável, da sombra do mundo. Contudo, não se integra à sombra sem antes passar por ela, não se integra à luz sem reconhecer ela dentro do Si mesmo. Por mais árdua que seja essa tarefa, sei que, ao final, serei contemplada com uma nova forma de Ser.

Conversamos mais um pouco e logo ele se foi. Naquele momento, senti que nossos mundos foram completamente abalados. Ele nunca entenderia, jamais teria condições de compreender algo nesse nível, e um muro começou a ser construído naquele momento, o começo do fim. Tive de elaborar a ideia de que ele estava decidido a me manter ali até que o tratamento que estava previsto para mim terminasse, contudo, fiquei um pouco mais tranquila ao saber notícias de todos. Vou para o meu quarto e, com voracidade, me ponho a ler aquele livro para ver se eu encontrava nele alguma resposta para meus anseios. É um livro fantástico, no qual a autora revela sua luta e superação frente ao diagnóstico de Transtorno Bipolar. Ela, também uma profissional da área da saúde, relata sua experiência de forma honesta, o que faz do livro um material precioso e muito rico de informação a respeito do assunto. No entanto, com nada eu conseguia me identificar e chego a pensar que o que eu estava passando era o sintoma de um espírito inquieto, e não de uma mente inquieta. Sigo com mais dúvidas e questionamentos. Eu sabia que, ali dentro, o único caminho conhecido e seguro para as inquietações do espírito era o uso de medicação supressiva. Isso, na visão deles, era o suficiente; na minha, um absurdo frente ao imenso leque de possibilidades que é o ser humano. Sou despertada de meus pensamentos por alguém que me chama:

– Clezelda, por onde andava? Estava tão longe...

– Estava compenetrada na minha leitura.

– Estávamos falando que hoje é sábado, dia de festa. Se estivéssemos lá fora, estaríamos na noite, bebendo muito e nos divertindo.

– Legal!

– E você? O que estaria fazendo?

– Com certeza não estaria na festa. Levo uma vida mais simples e sossegada, introspectiva. Costumo ir para meu sítio nos finais de semana, adoro estar na natureza, a natureza é minha religião. Eu estaria praticando algum esporte, jogando golfe, que eu amo. Para mim, ele reflete a vida: tudo pode mudar na próxima tacada; uma hora estamos lá atrás, na próxima, podemos estar na frente. A vida é exatamente isso, um belo jogo de golfe. A vitória não é o mais importante, o importante é tudo que vivemos e sentimos nesse jogo, buscar sempre apurar o olhar para seguir em frente, sabendo que o nosso maior adversário sempre será nós mesmos, pois dependerá de nós a melhor ou pior tacada.

– Bonito isso, mas ainda prefiro uma boa festa, bastante agito. Não gosta de festas? – pergunta Beatriz.

– Estou em um momento que prefiro mais a vida tranquila e serena, mais reservada, mais contemplativa.

– Estou chegando à conclusão de que você não é muito normal mesmo.

– Talvez não, e talvez seja exatamente por isso que estou aqui, porque não sou normal.

– Mas lembro muito bem do que você disse sobre estar aqui dentro, que pode ser um sinal de saúde, já que o todo pode ser mais doente do que as partes.

– Vejo que você captou bem a ideia – comento sorrindo.

– Sim, isso pode salvar minha vida – ela olha-me fixamente e diz – parece que você está triste.

– Reflexiva. Vejo tudo mudando na minha vida. A hora é para refletir e elaborar tantas mudanças.

– Deve estar se sentindo em uma prisão.

– Sim, isso aqui é uma prisão, a maior prisão humana, mas depende de nós aceitarmos ou não essa prisão. Dentro de mim, me sinto completamente livre. Essas grades prendem apenas meu corpo, jamais minha mente ou meu espírito.

A grande verdade daquele momento é que eu não conseguia parar de me questionar sobre os aspectos doentios da própria saúde mental, e a indagação era se a saúde mental deve ou não ser tratada com prisão. São tantos os questionamentos nesse momento! A verdade que vejo aqui dói na alma. Enxergar as coisas sob a ótica do paciente faz refletir muito sobre o que estamos fazendo como profissionais da saúde mental. Apesar de ser uma experiência dolorosa estar nessa condição, é também uma rica possibilidade de enxergar coisas de outra forma. Por um momento, cheguei a pensar positivamente sobre o fato de estar passando por isso tudo. Resolvi aprender a ver e a ler o que via sob a ótica de quem trocou de papel. Nessa troca, abre-se a oportunidade de realmente conhecer o ser humano, nas suas mazelas e também na sua grandeza.

Conhecer e perceber o que acontece nos bastidores da saúde mental me faz lembrar do mito de Sísifo. Comparo o absurdo da vida do homem com a situação de um personagem da mitologia grega, condenado a repetir sempre a mesma tarefa de empurrar uma pedra montanha acima só para vê-la rolar para baixo mais uma vez, executando continuamente tal tarefa. Sísifo desafiou os deuses e, quando capturado, sofreu essa punição que levaria para toda a eternidade. Sua punição é desempenhar uma tarefa sem sentido, como o herói do absurdo. Não obstante, mesmo reconhecendo a falta de sentido, Sísifo continua executando sua tarefa diária. Após deparar-me com essa realidade psiquiátrica, vendo as inúmeras internações recorrentes, é impossível não refletir sobre esse aspecto, pois parece ser esse também o papel dos profissionais que tentam constantemente desempenhar suas funções e levar o alívio para as pessoas que sofrem em suas tramas emocionais. Contudo, algo parece estar dando errado e a pedra rola morro abaixo novamente. A pedra vai sempre rolando, novas internações acontecendo e, consequentemente, fica a dura realidade de ter de lidar com essa verdade, e o questionamento mais pertinente daquele momento era: será que nós, da saúde mental, também, por termos desafiado Deus, estamos condenados e atrelados a essa pedra que despenca morro abaixo constantemente?

Sou despertada de minhas reflexões por Beatriz, que indaga:

– Nem está achando mais tão ruim estar aqui dentro?

– No princípio, é assustador, mas, aos poucos, vamos assimilando melhor.

– É porque é a sua primeira internação. Eu já estou na quarta – comenta a outra menina que estava no mesmo quarto que eu.

– Quarta?

– Sim, tem gente aqui dentro com quase vinte internações, é normal.

– Isso é normal? – indago espantada.

– Sim, em que mundo você vive? Você não é psicóloga?

– Sim, mas acabei me focando na área clínica, não tenho muita experiência nessa área hospitalar.

– Você nunca teve um paciente internado?

– Até agora não.

– Bem-vinda! Essa é a realidade aqui dentro: várias internações, uma atrás da outra. A maioria são pessoas que desistiram de viver, tentam se matar e são infelizes até mesmo em suas tentativas e vem parar aqui dentro. Pode ser bom para você estar vivendo tudo isso, é uma experiência a mais na sua vida. Logo vem o Natal, eles costumam dar alta para passarmos com a família; provavelmente nós sairemos daqui antes disso. O que você precisa fazer é aceitar que você é doente, tomar a medicação para eles lhe deixarem ir. É esse o caminho e de nada adianta ir contra, só resulta mais tempo de permanência no inferno. Aprende com a voz da experiência em internações psiquiátricas.

– Então eu preciso aceitar que sou doente?

– Claro! Verbaliza isso para eles e tudo ficará melhor para você. É a linguagem que eles conhecem, doença e medicação.

– Seguirei seu conselho, quem sabe eles me deixam sair antes do Natal.

– É isso aí.

Dentro do paradigma de Ser humano encontrado ali dentro, é muito evidente a percepção dualista e fragmentada a respeito do que vem a ser saúde mental. Eis uma grande verdade que devemos refletir com profundidade e honestidade: em nossa cultura, os critérios usados para definir os limites de saúde mental, noção de identidade e imagem, visão do tempo e do espaço e percepção de mundo estão fortemente relacionados a uma estrutura cartesiana-newtoniana de entendimento e compreensão do que vem a ser o Ser humano, dessa forma, iremos encontrar uma visão parcial e incompleta do todo. Por outro lado, traçando um olhar mais preciso e abrangente, iremos desenvolver a consciência de que essa visão cartesiana de mundo não é a mais exata das percepções, pois reflete a incapacidade de enxergar o todo em toda sua vasta nuance Contudo, fica a certeza de que essa forma de compreensão é a predominante, e é dela que fazemos a leitura do ser humano e da sua forma de estar no mundo. O fruto desse olhar é a tendência generalizada dos profissionais ligados à saúde mental de usar sistemas de diagnósticos rígidos e inflexíveis. Era exatamente com esse olhar que eu estava sendo aprisionada. Em uma das conversas com a psiquiatra da instituição, resolvo seguir as orientações das minhas colegas de quarto para ver se realmente surtia algum efeito, e é evidente que as coisas começaram a mudar significativamente para mim. Aceitar-se como louca abre as portas daquele inferno para o mundo. Assim se deu mais uma das conversas que tive com a médica do local:

– Como você está se sentindo?

– Estou muito bem. Foi bom ver meu marido ontem, estou bem mais tranquila.

– E a medicação, está tomando?

– Claro que sim. Acho importante tomar medicação, tem momentos que são fundamentais, esse é o meu momento.

– É importante isso ficar claro para você.

– Assim como está claro que sou Bipolar mesmo. Somente sendo Bipolar para viver tudo que eu vivi. A Bipolaridade explica a minha experiência mesmo, não tenho dúvida disso.

– Você sabe que provavelmente vai entrar em um período depressivo saindo daqui.

– Nunca fui depressiva, mas acredito em você. É provável que eu caia numa depressão profunda mesmo, eu entendo as oscilações de humor do Bipolar, e, agora, me reconhecendo como tal, sei que terei de enfrentar isso. Vou me preparar para essa depressão; quando ela chegar, já estarei à sua espera com uma grande festa.

– Você está sendo sarcástica. Veja as coisas com a seriedade que elas têm.

– Estou sendo bem-humorada, acho que o humor é o remédio para tudo. Se você está me dizendo que enfrentarei uma terrível depressão, sim, vou aguardá-la, é só isso que posso fazer ou dizer nesse momento.

– Vejo que você já está entendendo mais e aceitando as coisas como elas são; isso é muito bom para ti. Ainda hoje eu libero você para o passeio.

– É mesmo!? Talvez seja importante eu pegar um pouco de sol. Ficar trancada aqui por todo esse tempo tentando catar fachos de luz pela janela cheia de grades é meio complicado.

– Você sabe que tudo o que estamos fazendo é para o seu bem.

– Sim, eu estou certa disso. Agradeço imensamente pela consideração.

– Talvez você saia para passar o Natal em família, tudo depende de você.

– Acredito em Deus, ele não me deixaria trancada aqui justamente no Natal.

– Tudo depende de você, parece que está evoluindo muito bem.

– Sim, estou evoluindo muito bem, reconhecer que estou doente é uma grande evolução.

– É o primeiro passo.

– Primeiro passo para quê, posso saber?

– Para a sua aderência ao tratamento – responde a médica.

– Sim, entendo. E depois?

– Depois você precisa aprender a viver com isso.

– Aprender a viver doente. É, deve ser um grande aprendizado mesmo.

– É o que você precisa para se recuperar. Isso é tudo. Qualquer coisa de que precisar, estarei na clínica durante o dia. Vou deixar a autorização para o passeio.

– É muita gentileza, obrigada.

Chegando ao quarto, as meninas estão ansiosas para saber o que houve.

– Então, como foi?

– Finalmente poderei ver o sol. Até os prisioneiros têm direito a banho de sol diário, e eu não tinha, isso já é um avanço para mim. Vocês estavam certas, reconhecer a nossa loucura facilita a vida aqui dentro. Ela disse também que é provável que eu saia no Natal.

– Para ficar tanto tempo nesse isolamento, você deve ter feito algo muito grave. A maioria chega aqui e já é liberada para o passeio. Afinal, por que você está aqui?

– Beatriz, é meio complexo falar sobre isso. Posso dizer que foi uma experiência diferente, uma crise.

– Eu não consigo entender. Você é psicóloga, não tentou se matar, não usa drogas, até parece normal.

– Talvez eu seja Bipolar mesmo, quem sabe.

– Estou achando que você é uma espiã que está aqui para analisar nosso comportamento.

– Sou tão paciente quanto vocês, estejam certas disso. Olhem para como estou sendo tratada aqui, parece que meu caso é pior do que o de vocês. Devo ser um caso crítico para a psiquiatria, caso contrário, não seria tratada dessa forma.

– Que mistério!

– Talvez seja um grande mistério mesmo.

No dia seguinte, meu marido chega com um lindo buquê de lírios. Aos poucos, a vida começava a desabrochar novamente para mim.

– Obrigada pelas flores.

– Trouxe mais um presente para você. Uma colega do seu curso de pós lhe mandou. – ele me alcança um livro chamado *Carência e Plenitude*, de Jean Yves Leloup – Está autografado para você.

– Nossa, que coisa linda! Ela sabe que eu admiro muito ele, que delicadeza da parte dela.

– Ela esteve com ele recentemente e se lembrou de você. E como está?

– Bem. Aceitando a loucura, tudo fica mais fácil.

– Você sabe que não é louca.

– Eu sei que estou em uma clínica psiquiátrica com um diagnóstico de transtorno bipolar e preciso aceitar essa verdade.

– Sua voracidade por experimentar coisas diferentes e novas experiências trouxe você para cá.

– Apenas foco em meu desenvolvimento espiritual, por isso busco tanto.

– Depois dessa, vê se pare um pouco com suas buscas. Sossegue e volte para essa realidade, para uma vida normal, como todo mundo.

– Vida normal igual a todo mundo? Será que eu consigo depois de ter passado por tudo isso, depois de ter enxergado tanto? Não sei, sinto que estou no começo de uma longa jornada.

– Que longa jornada é essa?

– Não sei bem. Fui banhada de luz, inundada pelo saber da criação do universo, longe demais, onde ocorre a diluição do ser na imensidão do universo, onde as fronteiras desaparecem e o todo se transforma em tudo.

– Esqueça isso, sua vida é aqui, nessa realidade.

– Estou nessa realidade sendo convidada a ampliar minha visão, apenas isso. Sei que é difícil para você entender isso tudo, eu compreendo, para mim também é. Será muito difícil enfrentar a vida novamente depois de passar por uma experiência dessas e também a de uma hospitalização. No entanto, ao mesmo tempo em que é amargo o gosto da destruição, o que posso dizer é que tudo vale a pena para chegar aonde cheguei. Enxergar da forma que enxerguei no momento da minha experiência é uma das coisas mais fascinantes da vida. Se estar aqui é pagar o preço por ter enxergado tanto, pagarei esse preço sorrindo. Posso ver tudo sendo destruído por fora, mas, dentro de mim, encontro toda a beatitude dessa experiência.

– Tente esquecer isso e continue sua vida normalmente.

– Não há como esquecer uma experiência dessas. Ao mesmo tempo em que dilacera, fascina.

– Você tem tudo para ser feliz. Conseguiu a realização de todos os seus sonhos, estava com seu consultório lotado, atua na profissão que ama, tem uma família que faz tudo por você, mas parece que nunca é o suficiente.

– Já encontrei o que faltava.

– Posso saber o que faltava?

– Deus vivo.

– Por favor, pare com essa história de Deus, olha aonde você veio parar! Não é suficiente? Precisa dar um basta a essa ideia de Deus. Você não acha que está na hora de parar?

– Não se trata de ter uma ideia a respeito de Deus, é diferente. É saber Deus, é sentir profundamente Seu toque em mim.

– Se é para viver tudo isso, prefiro o Deus bem quieto no lugar dele e eu vivendo minha vida normalmente.

– Essa é uma diferença crucial entre nós. Acho que não tenho mais escolha, entrei no caminho.

– Seja consciente e veja para onde esse caminho está lhe levando. Afinal, quem é esse Deus para você? Lembre-se da advertência bíblica: "ai de quem cai nas mãos do Deus vivo.".

– Sim, reconheço que caí nas mãos Dele e vejo-O muito vivo em mim. Compreendo Deus como uma força inteligente e criadora que nos empurra à unidade. Não sei dizer exatamente para aonde estou indo, mas parece que tenho pouca escolha nesse momento, o que vivo e vejo é maior que eu. A única coisa que sei é que se eu quiser falar com Deus, é preciso silenciar a voz e ouvir o som que vem do coração, e é isso que estou fazendo. Não tenho escolha, preciso seguir e integrar essa realidade que se abre para mim em uma nova forma de ser.

– Não coloque tudo a perder com essa história de Deus e mundo espiritual. Você está se queimando toda.

– Perder é a melhor ação sobre a arte do desapego. Estou consciente de que estou deixando para trás uma vida e que algo novo surge em mim. É preciso perder para reconhecer o essencial, e essa será uma longa caminhada.

– Não lhe entendo mais.

Eu sabia que ele estava confuso demais com tudo e que jamais entenderia o que estava acontecendo comigo. Despedimo-nos. Saio daquele encontro saboreando o gosto amargo da incompreensão. Chegando ao quarto, vejo as meninas absortas em suas criações, produziam lindas mandalas para decorar o quarto.

– Então, como foi com seu marido? – indaga Beatriz.

– O simples e natural parece complexo demais para quem tem o olhar inflamado.

– O que você quer dizer com isso?

– Nada, estou apenas pensando alto.

– Clezelda, terei alta no Natal. Terei de enfrentar minha vida novamente, meu trabalho, minha profissão, mas sairei daqui diferente, não foi como das outras vezes. Dessa vez, refleti mais sobre minhas questões existenciais e percebo que meu vazio é a falta de sentido na minha vida. Vou buscar coisas mais saudáveis para fazer e aproveitar essa curta passagem pela vida, como você costuma dizer, de forma mais suave. Acho que entendi que temos um porquê de estarmos aqui e que não somos nós que escolhemos a hora de morrer. Do contrário, essas pessoas todas que estão aqui, e olha que são muitas, que tentaram se matar já teriam conseguido. Agora quero brincar de viver, chega de brincar com a morte. Refleti muito sobre tudo isso, nossas conversas me ajudaram, acho que estou pronta para enfrentar a vida.

– Pronta para viver a vida, fico feliz com seu aprofundamento e reflexões.

– Ver tudo o que acontece aqui dentro e ouvir tantas histórias de vida me faz concluir que não somos um acaso lançado ao mundo.

– A vida é uma grande escola, vamos subindo os degraus passo a passo. Só vamos adiante se compreendermos bem a lição. Pelo visto, você já avançou um degrau.

– Sim, sinto que estou diferente, algo realmente mudou em mim.

– Finalmente você encontrou a senda?

– Não sei se a encontrei, mas talvez agora eu esteja acreditando que ela exista – comenta Beatriz, com uma agradável expressão de otimismo.

– Isso já faz toda a diferença.

– E você? – indaga ela.

– O que tem?

– Avançou algum degrau?

– Acho que também estou aprendendo a ver o mundo de outra maneira. Não que ele esteja mudando, na verdade, quem mudou fui eu. A experiência de estar aqui nos coloca frente a duas possibilidades: ou afundamos completamente, ou transcendemos. Acho que escolhemos a segunda opção e isso significa não levar a cama de Procusto para nossa vida.

– A cama de Procusto não está me satisfazendo mais. Agora sei que ela é pequena demais para mim e isso já faz a maior diferença, pois significa a verdadeira compreensão de que não temos de nos ajustar a padrões estabelecidos, que somos únicos, que temos nosso valor. Independente de o mundo dizer não, eu digo sim.

– Realmente, você sairá daqui com outra compreensão da vida, e provavelmente não tentará mais o suicídio.

– Reconheço que não foi pelo que encontrei aqui, e sim pelas nossas conversas, pela oportunidade de ser entendida. Isso permitiu que eu me compreendesse melhor.

– Fico muito feliz pela sua compreensão, esse é o caminho. Precisamos entender e integrar nossas histórias, isso dá um novo colorido à vida. Deixarei esse local também renovada. A princípio parecia um absurdo, hoje vejo a graça de ter tido essa experiência e ter me transformado em uma pessoa melhor.

Passaram-se mais alguns dias e finalmente tive a minha tão sonhada e esperada alta. Foram duas semanas de internação, 14 dias que jamais esquecerei. Deixo para trás a clínica carregando na mala os mais profundos questionamentos; estava mergulhada em um mundo de incertezas. Nada mais era do jeito que eu conhecia, e eu sabia que passar por uma experiência dessas provocaria transformações radicais em meu Ser. Volto à vida com uma única certeza: desvela-se para mim um novo mundo. A chaga em meu pé havia cicatrizado, mas eu saía dali carregando o estigma da doença mental sangrando por todo meu Ser.

Encontrei a escada circular que leva ao céu,
vislumbrei o infinito, banhei-me na fonte inesgotável da eternidade,

enxerguei o que fui, o que sou e o que serei...

inebriada por tanta luz caio na terra e vou ao fundo do fundo do mundo,

enxergo o invisível, o impossível, desço até o fim de mim

que sem possibilidade de mais fim,

aceita, por fim, e digo sim ao nada que teimou querer Ser em meio ao tudo que sucumbiu. Desvelam-se os véus, ganho a visão do céu, busco em vão a razão...

procuro a mão que irá segurar minha mão, encontro o não,

foco minha visão no vão,

clareia a luz da eternidade desabrochando da genuína e profunda dança entre luz e sombra,

corpo sendo guiado pela alma no tempo

ao encontro das suas verdades em direção ao que estava oculto

assim decodifiquei minha existência

bebendo na fonte da essência das próprias verdades

Aqui cheguei, Aqui Sou.

Capítulo II
Buscando a luz na escuridão

O místico, dotado de talentos inatos e seguindo a instrução de um mestre, entra na água e descobre que sabe nadar; o esquizofrênico, por sua vez, despreparado, sem orientação e sem dotes, caiu nela, ou mergulhou voluntariamente, e está se afogando.

Joseph Campbell

Finalmente chega o Natal, tempo de renovar a esperança e contatar com a imagem de Cristo, com sua mensagem de amor e fé. Nesse clima, que era para ser de harmonia e paz, eu me via completamente aturdida pelo efeito devastador de tudo o que me acontecera. Eu sentia que precisava dar uma explicação para minha família sobre o que eu estava passando, mas não tinha palavras para explicar aquela experiência, e, mesmo que tivesse, estou certa de que eles não entenderiam. Eu via no olhar deles a indagação e o medo por tudo aquilo. Frente a isso, eu oferecia somente meu silêncio e a esperança de que um dia eu seria entendida. Contudo, uma certeza eu tinha: a de que para ser entendida por qualquer pessoa, eu precisava antes me entender. Para isso, fui buscar conhecimento teórico a respeito desse tipo de experiência, na teoria já fundamentada. Visando a um olhar mais coerente para o vivido é que transformei meus dias na busca de um sentido, de uma compreensão teórica para embasar minha prática tão complexa e assustadora até então.

Dessa forma, contato com o tema a respeito de Emergência Espiritual, para, então, entender que o que eu estava vivendo era, sim, uma abertura espiritual. Sentia que minha proposta existencial estava me conduzindo cada vez mais para essa abertura. Foi dessa forma que a curiosidade e a necessidade de entender minha experiência foram me conduzindo a adentrar nesse surpreendente mundo novo. Foi por meio dos estudos de Stanislav Grof sobre crises de transformação, a Emergência Espiritual, que pude ir dando uma forma teórica para aquele vasto conteúdo inconsciente que minha consciência precisava abarcar. O que vivi após a crise foi a sensação de estar sendo inundada pelo conteúdo inconsciente, como se as portas do porão tivessem sido abertas. A mim, restava a árdua tarefa de reconstruir minha noção de Eu.

Grof nos explica que a espiritualidade é uma dimensão muito importante na vida do ser humano, que não raro torna-se plenamente consciente desse fenômeno pessoal. Ela pode desabrochar como algumas experiências incomuns, às quais podem desencadear processos perturbadores e dramáticos na vida do Ser humano, que é despertado para uma nova forma de compreensão. Essas são as crises de transformação que o autor denomina como Emergência Espiritual. Conforme seus estudos, ele aponta que muitos episódios difíceis de estados incomuns de consciência podem ser vistos como crises de transformação e de abertura espiritual, as quais são narradas repetidamente na literatura sagrada de todas as épocas como transições turbulentas ao longo da trajetória mística.

O autor diz ainda que o conceito de Emergência Espiritual integra descobertas de muitas disciplinas, incluindo, entre elas, a psiquiatria clínica e experimental, a moderna pesquisa da consciência, as psicoterapias experienciais, os estudos antropológicos, a parapsicologia, a tanatologia, a religião comparada e a mitologia. Usando a análise e a observação em todos esses campos, é possível constatar que a Emergência Espiritual desabrocha como um potencial positivo. É por isso que ela não deve ser confundida com enfermidades de causa biológica que necessitam de tratamento médico. Esse olhar assertivo a respeito do tema é fundamental para quem vive tal processo, simplesmente porque liberta da patologia, contata toda a riqueza do momento existencial e promove o entendimento do que realmente vem a ser essa experiência. Conforme dados empíricos, é possível inferir que, na realidade, as crises psicoespirituais, quando percorrem seu curso naturalmente, podem resultar em benefícios como uma melhor saúde psicossomática, maior prazer de viver, uma estratégia de vida mais rica e uma maior dimensão de visão de mundo, que inclui a dimensão espiritual da existência e pode surgir como uma grande oportunidade de levar o indivíduo a um nível superior de evolução de consciência.

Os perigos e o medo enfrentados em tal situação podem ser gigantescos, e é natural, pois o encontro com o inconsciente não é das tarefas mais fáceis. Essa abertura espiritual lança o Ser no temível confronto com sua sombra, banhando-se em águas profundas do inconsciente, descortinando, assim, toda sua escuridão. No entanto, é justamente desse confronto que surge a oportunidade de purificação e libertação. Por meio de relatos a respeito dessas experiências, é possível constatar que elas revelam-se em muitos casos com elementos arquetípicos do inconsciente coletivo, indo ao encontro de figuras heroicas ou divindades. Algumas vezes há uma identificação profunda com Cristo e seu sofrimento; isso ocorre no momento da purgação, que é o primeiro estágio, no qual o negro do mundo se faz presente na consciência.

Conforme Grof, é possível ressaltar que o espectro da Emergência Espiritual é extremamente rico, envolvendo emoções intensas, visões e outras mudanças de percepção, e processo de pensamentos incomuns, bem como vários sintomas físicos que vão de tremores a sensação de sufocação. O autor ressalta que o conteúdo dessas experiências costuma envolver três categorias. A primeira envolve experiências vinculadas com a história da vida da pessoa e é conhecido como categoria *biográfica*. A segunda categoria gira em torno da questão da morte e do renascimento e está diretamente ligado com o trauma do nascimento biológico; esse grupo é denominado *perinatal*. A terceira categoria ultrapassa em muito os limites da experiência humana comum e promove uma ligação profunda com o inconsciente coletivo junguiano; denomina-se *experiência transpessoal* porque envolve imagens e motivos que parecem originar-se fora da história do indivíduo. A palavra Transpessoal refere-se à transcendência das fronteiras usuais da personalidade e inclui muitas vivências denominadas espirituais. Nessas crises, o que ocorre, é que as fronteiras habituais parecem se dissolver e pode acontecer uma identificação com pessoas, com grupos de pessoas ou com toda a humanidade, muitas vezes desencadeando o encontro com seres espirituais.

Neste estudo, é preciso aprofundar o conhecimento sobre a experiência Transpessoal, pois esta está em concordância com a prática aqui relatada. No campo Transpessoal é que se encontram as mais variadas formas de estados denominados como místicos, religiosos, mágicos, parapsicológicos ou paranormais. Ao longo do tempo e ainda hoje se sabe que as distorções e a falta de conhecimento profundo desses aspectos têm levado à incompreensão a respeito do tema. Um olhar apurado, livre de preconceitos e de julgamentos promove um melhor tratamento para os casos de Emergências Espirituais.

Grof ressalta que, pelo estudo das experiências vividas por quem passa por tal fenômeno, é possível perceber que não há limites para o alcance dos nossos sentidos. Ele diz ainda que viver tal fenômeno é também romper as barreiras e chegar a episódios que ocorreram no passado, e até mesmo aqueles que ainda não ocorreram, mas que ocorrerão no futuro, pois essas vivências são completamente atemporais e dissolvem completamente a nossa forma de compreensão racional sobre o tempo. Podemos apontar também que, de modo geral, esse é um processo que, quando bem conduzido e orientado, pode levar a um referencial mais maduro evolutivamente, pois floresce dele uma maior liberdade de escolha pessoal e uma forte sensação de ligação profunda com as outras pessoas, com a natureza e com o cosmos. Dentro dessa perspectiva de desenvolvimento humano, ocorre um despertar progressivo da dimensão espiritual na vida da pessoa no esquema universal das coisas, ocorrendo, assim, o processo de evolução humana.

Fica evidenciado, por meio de estudos que, uma vez que o processo de emersão é acionado, ele não parará até que tenha alcançado seu curso completamente. Sabe-se que esse período, intenso e profundo do despertar, pode levar algum tempo. Nesse processo, o final dependerá de como a pessoa reage frente a tal experiência. Quanto mais resistência, mais medo, mais estagnação, e mais difícil é a compreensão e a integração do conteúdo manifesto. E quanto ao tempo, pode variar de alguns meses a vários anos. O tempo de investimento na reconstrução da nova forma depende de como cada um conduz o seu processo de transformação e também do caminho encontrado para acolher o manifesto dentro do Si mesmo. Essa variação é pessoal. Encontraremos em alguns casos uma forma mais dramática e intensa, em outros, se revelará com mais suavidade. Contudo, independente disso, o certo é que é um processo que se apresenta com início, meio e fim. Com o que já foi estudado até aqui, é possível perceber e afirmar que passar por tal experiência com medo ou desejar interrompê-la antes do tempo é arriscado, pois, assim, o conflito é aumentado, impossibilitando o desenvolvimento, tornando ainda mais dramático e difícil o caminho a ser trilhado. Assim, será necessário mais tempo para que se cumpra o propósito do processo em si. Portanto, entrega, conhecimento e confiança do que se é e no que se vive são ingredientes fundamentais para o bom andamento e para que o processo encontre seu fim de forma a ser algo positivo, trazendo os benefícios que nele estão latentes à espera de serem desvelados.

Por meio dessa perspectiva teórica, percebe-se que a Emergência Espiritual, quando bem orientada e aceita como tal, pode ser um meio de o indivíduo alcançar um grau mais elevado do seu eixo evolutivo. Por outro lado, o maior obstáculo vem da percepção de estarmos inseridos em uma abordagem estritamente racional e mecanicista. Aqui é que podemos ter a clareza de toda dificuldade e complexidade dessa caminhada. É inegável que, na maioria das vezes, é muito difícil esperar atendimento por parte dos profissionais que leve em consideração essa perspectiva positiva, pois há um completo desconhecimento do fenômeno em si. O mais certo de tudo é que estamos inseridos em uma realidade na qual o inconsciente é visto como algo temeroso e digno de apreensão. Devido a isso, experiências dessa natureza que acontecem de forma espontânea e natural são muito mais comuns do que se possa imaginar. Entretanto, o mais comum de acontecer é ver tais experiências sendo classificadas, *grosso modo*, como sintomas psicóticos. Esse é o maior risco, pois promove a completa estagnação do processo, impedindo sua completa realização e também impossibilitando a conquista de aspectos positivos que estão implícitos em tal processo. Por meio dos estudos de Grof, iremos adquirir e contatar uma visão mais apurada e abrangente dos diversos níveis de consciência. É uma forma de ver e de entender o ser humano a partir de sua dimensão mais profunda, adentrando no vasto campo das possibilidades humanas.

Neste ponto inicial do processo, é importante fazer a diferenciação do que é psicose e do que é Emergência Espiritual. Sabe-se que a psicose é vista na perspectiva psicológica como um estado qualitativo específico, que revela a desagregação da unidade complexa, a psique. O que vemos aqui é que na doença mental há uma dissociação do ser dentro da sua forma de ser e estar no mundo. Por outro lado, dentro das Emergências Espirituais, percebe-se um movimento constante para a unidade. O movimento deve ser no sentido de integrar os conteúdos de forma satisfatória, compreendendo seu enorme potencial positivo de crescimento e de cura pessoais. É exatamente por essa percepção e forma de acolher que é imprescindível evitar que o processo seja entendido por meio de um olhar pouco sensível que irá resultar em um atendimento padronizado com uso de medicação indiscriminada a qual, além de não ajudar, acaba bloqueando o processo, que apenas necessita seguir seu desenvolvimento, seguir seu fluxo.

Grof ressalta que se em nossa cultura pudéssemos enxergar a doença e o sofrimento como processos de transformação física e psíquica como acontece nas culturas asiáticas e tribais, teríamos uma ampliação da perspectiva e da visão no sentido de compreender sob um enfoque mais profundo e coerente. Esse novo olhar promoveria uma visão menos parcial e tendenciosa de todos os processos psicossomáticos e psicoespirituais. Veríamos, então, nascer uma compreensão mais abrangente e verdadeira dos aspectos que envolvem o sofrimento humano e da grande oportunidade que é desencadeada pela dissolução do ego.

É necessário reconhecer que a verdadeira sanidade está diretamente relacionada com a dissolução do ego normal, indo ao encontro da completa libertação de todos seus aspectos ilusórios, que estão presos e condenados, em um imenso emaranhado que visa a uma adaptação ao meio social. Por meio dessa morte, chegaríamos a um renascimento, ressurgindo, assim, um novo funcionamento, que brota a partir dessa morte egoica, para assim tocar o essencial. É evidente que a reflexão sobre o que vem a ser a sanidade está diretamente vinculada a uma forma de adaptação ao mundo externo, ao mundo das coletividades humanas. No entanto, ao desenvolvermos um olhar mais atento e preciso, constatamos que dentro dessa visão há um grande distanciamento do mundo interior e um verdadeiro muro foi construído, em que as mensagens são claras e nos fazem acreditar que a percepção direta e mais profunda do mundo interior pode acarretar riscos e prejuízos ao Ser que por esse caminho for levado. O resultado é o que vemos na atualidade, o mundo externo com todo seu clamor se torna mais atrativo que o interno e seu mistério. Essa é nossa cultura atual, essa é a dura realidade vigente.

O misticismo, tema muito estudado na filosofia, na teologia e na história das religiões, entra como fonte de estudo da psicologia analítica. A partir dessa perspectiva contataremos uma compreensão mais adequada da infinita gama de problemas de interpretação e distorções que advêm de tal fenômeno. Para Jung, qualquer julgamento ou análise da imagem psicológica de Deus, que ele denomina de "Si-mesmo", seria uma tentativa de esclarecer e aprofundar as imagens do estrato psíquico inconsciente. Seguindo esse pensamento, podemos inferir que esse estado, que pode ser definido como "crise mística", seria a Emergência Espiritual, a qual está intrinsecamente relacionada com a necessidade relativa ao momento particular do processo de individuação. Devido a isso, experiências dessa ordem não poderiam jamais ser tratadas de forma radical ou tendenciosa, pois o certo é que a possibilidade de experenciar tais fenômenos implica ir muito além de afirmações ou negações. O caminho confiável e recomendável é o de buscar a integração de tais conteúdos, os quais se revelam naturalmente e devem ser apreendidos como uma grande interrogação, que de modo individual e singular desabrocham na consciência. O momento místico, confirma Jung, emerge daquilo que está escondido da consciência, e que, em graus diversos, se esconde em toda a neurose, isto é, "poderosas influências psíquicas que estão na base de nossa atitude espiritual e de suas poderosas ideias diretoras". Ele afirma que o discernimento que precisamos adquirir frente a isso é que, com esses conteúdos psíquicos particulares, a consciência não deve chegar a conclusões, e sim confrontar-se. Desse confronto, ela verá nascer a oportunidade ímpar de buscar novos significados, um novo sentido que dará a forma necessária para ir, além da forma, ao encontro da verdade oculta.

Podemos inferir, a partir de dados teóricos, que o conceito de saúde mental deve incluir uma integração equilibrada das formas cartesianas e transpessoal de percepção e experiência de vida. É fundamental ter a consciência e a clareza de que, por um lado, a percepção da realidade exclusivamente no modo transpessoal é, com toda a certeza, incompatível com o funcionamento normal, esperado e desejado do ser humano. Isso porque viver de modo transpessoal é contatar com uma série de prejuízos à vida, dificultando a sobrevivência de maneira geral. Nessa perspectiva, encontraremos uma profunda desordem nos aspectos da vida diária. A vivência de uma mistura desarmônica de ambas as formas de percepção sem poder integrá-las é considerado psicótico. Transitar pela vida a partir desse enfoque é ficar preso na armadilha do inconsciente humano. Por outro lado, fica também a certeza de que o olhar lançado exclusivamente na concepção cartesiana de percepção da realidade é parcial, fragmentado e limitante, e que, além disso, pode também ser considerado loucura. Essa loucura seria a representação do que podemos denominar de a loucura da nossa cultura atual, sendo a expressão mais clara da rigidez da forma de ver e de entender os processos profundos da psique, apresentando uma completa alienação a respeito da potencialidade e da possibilidade de tais experiências e estados de consciência diferenciados. Buscar o equilíbrio entre razão, emoção, intuição e sensação é uma das metas de desenvolvimento na Psicologia Transpessoal, a qual busca ampliar e validar outros estados de consciência, assumindo, assim, a perspectiva de revelar o ser humano em sua inteireza.

Contatar com essa visão e conhecimento permitiu que eu readquirisse a confiança para seguir minha jornada. Comecei, então, a focar no conteúdo que meu inconsciente mostrava. Era dele que vinha a orientação, como uma bússola indicando o caminho a seguir por entre a escuridão. Quebrar a minha visão mecanicista e dualista foi a tarefa mais árdua. Aceitar e me entregar a esse doloroso processo de transformação, vencendo o medo e os preconceitos, exigiu de mim uma aceitação completa e aberta ao invisível. A primeira grande tarefa para quem passa por crises dessa dimensão é aceitar o que enxerga, deixar os véus serem retirados e buscar integrar os conteúdos que vertem do inconsciente com toda a força bruta para serem trabalhados, transformados e transmutados, reconhecendo que é uma luta. Entretanto, se não houver o verdadeiro reconhecimento e a aceitação da situação como ela se apresenta, a luta será inglória. É preciso criar uma aliança com a loucura divina, e isso não quer dizer se reconhecer como louco, e sim que existe uma parte que está precisando de cuidado; é preciso investigar para poder compreender e só assim integrar esses conteúdos. Precisamos saber o que essa loucura divina está querendo realmente revelar, precisamos encontrar uma forma para diminuir a luta, e não aumentar o embate. Justamente por isso é que é tão importante, e até mesmo vital, a eliminação do preconceito e da visão fragmentada que a psiquiatria lança sobre questões referentes a uma crise desse nível.

Após viver todo o influxo de luz, fui lançada em uma espécie de purgatório. Nesse lugar, tudo é escuridão e deserto. Se por um lado meu inconsciente mostrava luz, minha consciência gritava por explicações lógicas e coerentes, tentando encontrar um lugar comum onde tudo era misterioso e desconhecido. Só posso denominar isso como a noite escura da alma, que é metáfora de uma experiência mística que envolve paradoxo, contradições, já que tal experiência é iluminativa.

A partir dessa perspectiva tento seguir minha vida e atender a meus compromissos profissionais, já mais segura de que o que eu vivia era uma profunda transformação espiritual, e não uma doença mental. Ganhei confiança para prosseguir com meus atendimentos, e assim o fiz. O olhar coerente para o vivido evita o risco de se ficar preso às armadilhas da escuridão que se vive em um momento como esse, misturado aos rótulos e ao estigma da doença mental. Uma imagem exemplifica muito bem a diferença entre os loucos e os místicos: os dois estão no mesmo oceano, contudo, enquanto os místicos nadam, os loucos afundam. O remédio que faz o místico nadar é a certeza de que ele chegará a algum lugar, em terra firme. No entanto, é necessário, além da entrega a esse processo, o conhecimento do que se está vivendo, pois dele brota a esperança e a certeza de que a luz brilhará lá adiante. A primeira batalha a ser vencida é com o preconceito e com o medo por ter de adentrar nesse oceano que é o inconsciente.

A partir dessas reflexões e percepções, pude acalmar um pouco meus questionamentos e dúvidas sobre tudo que estava vivendo. Adquirir esse conhecimento e visão ajudava a aprimorar a respiração para melhor nadar nesse oceano, mas o fato é que eu ainda estava em alto mar, longe de tudo que um dia pensei me sustentar como ser humano. Ter a visão de mundo modificada abruptamente por esse processo pode trazer prejuízos à consciência que tenta abarcar o todo à sua nova forma de entender o mundo. Nesse processo, a luz entra como o conhecimento que irá garantir a forma novamente. A possibilidade abre-se e o novo mundo se faz presente, preenchendo tudo o mais com força, coragem e fé para melhor transitar nesse terreno incerto e inseguro, no qual definições e antigos paradigmas dão lugar a novos e constantes questionamentos, revelando o que estava adormecido, despertando novos saberes, novos pensares e uma nova forma de Ser.

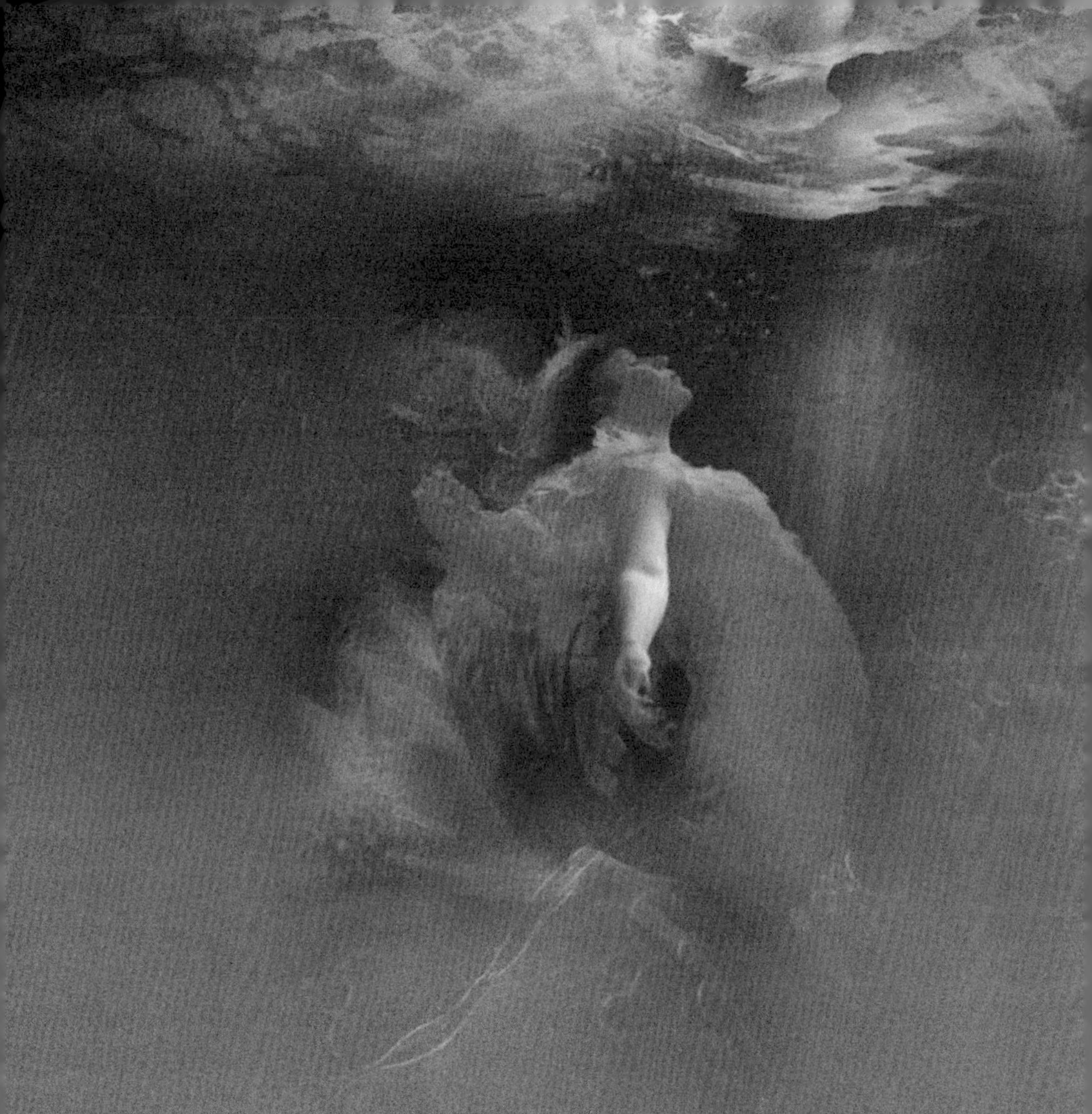

Capítulo III
Desbravando o inconsciente

Quem olha para fora sonha, quem olha para dentro acorda.
Carl Gustav Jung

Após ter vivido a mais bela das experiências humanas, fui ao encontro do escuro do mundo. É inevitável essa alternância entre luz e sombra; é dela que deve verter as nobres verdades da vida, tudo o que precisamos para a real compreensão do nosso propósito existencial. Desse embalo surge o novo mundo que deseja se fazer presente para quem trilha a jornada espiritual. Não há como ser diferente, o caminho da alma resplandece dos cortes que a vida apresenta. Nesse momento, a meta principal é buscar quem se é realmente, desnudar o Ser que por aí se aventurar, subir ao céu e descer ao mais profundo do mundo; essa é a trilha que o peregrino terá de trilhar nessa incrível dança da vida. Não há como fugir de quem se é quando esse caminho se faz presente na vida, esse é o propósito primeiro de viver uma Emergência Espiritual.

Tendo em minha frente meu inconsciente jorrando labaredas sobre mim, não havia outro caminho a não ser focar toda energia na reconstrução. Os constantes sonhos com casa sendo destruída revelavam a dissolução do ego, a casa como símbolo da representação da noção de Eu. Contudo, mesclado a esses recorrentes sonhos de casas destruídas, há um sonho muito especial, com um lindo bebê; eu o recebia com muita alegria e amorosidade. A criança divina estava nascendo, e era nesse nascimento que eu deveria focar. O caminho espiritual nos dá a oportunidade de ir ao encontro da qualidade compassiva inata do nosso coração. É o caminho que nos coloca de frente à nossa grandiosidade e também faz emergir toda nossa inferioridade, mas essa é, sem dúvida, também a possibilidade de contatar a sabedoria intuitiva. Encontrar o equilíbrio a partir dessa proposta é ter o intelecto usado a serviço de algo maior. Essa é a grande e principal batalha a ser conquistada, quando finalmente se consegue abrir mão do domínio do intelecto. Podemos inferir que a meta primeira dessa jornada é justamente esta: forçar o Ser a desenvolver dentro do Si mesmo uma postura compassiva e submissa ao plano maior, com uma completa abertura do seu coração, permitindo ao novo Ser nascer em meio aos destroços da velha forma.

Ao fundo de toda a devastação, ouço uma voz em mim, sedenta e ansiosa por uma comunicação. Expressava-se com clareza e trazia em si a agradável e tranquila sensação de quem já sabia o caminho. A mim restava a tarefa de ouvi-la para que dela surgisse alguma verdade que pudesse orientar minha caminhada, por sob os escombros da vida que sucumbiu. Era a voz da sabedoria interior, aquela que tudo sabe, que tudo vê, a única capaz de dar orientações confiáveis quando tudo parece ruir. Indo ao encontro do que nos aponta Jung por meio do processo alquímico, encontramos a palavra *meditatio*, que é usada quando ocorre um diálogo interior com alguém invisível, que tanto pode ser Deus, quando invocado como a própria pessoa, ou seu anjo benigno. É uma oportunidade de promover uma parte essencial da técnica do diálogo com o inconsciente. Jung explica que os alquimistas, ao falarem em *meditari*, não se referem a uma simples reflexão, mas a um diálogo interior, portanto, a uma relação viva com a voz do outro em nós que responde. O inconsciente deve, conforme Jung, ser entendido na acepção alquímica de um diálogo criativo, mediante o qual as coisas passam de um estado potencial inconsciente para um estado manifesto. Dessa forma, resolvo que o melhor a fazer é abrir-me àquela voz que tanto parecia ter a revelar, a voz do eterno em mim:

– Quem é você e o que quer de mim? Por certo, não vê que estou completamente aturdida em meio a esse novo mundo. Tudo o que um dia acreditei e sonhei para minha vida vejo agora ser destruído. Minhas verdades foram completamente abaladas, meus paradigmas destruídos, minha ciência completamente desconstruída. O que pode ser pior a uma psicóloga do que reconhecer-se frágil o suficiente para viver tudo isso? É um duro golpe no ego, aquele que se achava forte o bastante, dono de suas verdades. E você vem a mim nessa triste ocasião para rir do absurdo do que vejo, do que me transformei, nesse momento em que tudo resplandece na escura e negra verdade da vida. O que deseja mais? O que, afinal, você quer de mim?

– Venho de longe, atravesso o tempo e o espaço; nosso encontro estava marcado. Você está pronta para conhecer a sabedoria da vida. Chegou o momento da revelação do mais nobre mistério, você deve apenas conhecer e mergulhar na *Sophia.*

– *Sophia*?

– Sim, o conhecimento de Deus. Você precisa entender que viver uma Emergência Espiritual é passar por uma profunda transformação, uma metamorfose, uma verdadeira alquimia. Passo a passo as experiências lhe levarão a uma nova forma de Ser no mundo. Nos próximos três anos, teremos a obra concluída. Por hora, não há nada a fazer além de desenvolver a arte da entrega, da confiança, da fé e da gratidão por tudo o que você viverá. Não será um caminho de flores, mas você está preparada para seguir e tirar dele o sumo da vida, vivendo para além das suas teorias, vivendo e sentido na prática o que vem a ser a alquimia.

– Nada sei sobre alquimia, nada desejo saber, apenas desejo minha vida de volta, a vida exatamente como ela era. Meu espanto não poderia ser maior ao você falar em três anos. Afinal, viverei nesse tempo?

– Será o tempo necessário para aprender de verdade o que é a vida, mas isso dependerá muito de você, da forma que irá permitir minha penetração em você. Serão três anos em que você entenderá a mais famosa frase alquímica: "O que está em cima é como o que está embaixo", ou seja, trilharemos o caminho que irá libertar o Deus que está preso na alma. Você será completamente salgada e nas chamas queimadas, até finalmente adentrar no momento mágico, em que terá bebido todo o líquido da vida. Ao final, terá essa compreensão, não racional, mas sentida em todo seu ser. A alquimia revela o verdadeiro tesouro e tem como meta a espiritualização da matéria. Revestido de todo o negro incrustado na matéria se encontra a pedra preciosa que buscamos. Assim, provocaremos a transmutação, a matéria original, cavoucando o mais profundamente para transformar o negro em ouro. Depois de experenciar as operações alquímicas, nascerá o Ser em nova forma. Para isso, porém, durante esses três anos você viverá todas as dores do mundo, ou as maiores dores cruzarão seu caminho, e você apenas terá de aprender com cada uma delas.

– Só posso pensar que estou vivendo um pesadelo, não sinto a menor vontade de descobrir pedra ou viver uma grande obra alquímica. Isso é um grande absurdo, sinto o gosto do sangue em minha boca. Não quero passar por todas as dores do mundo, não encontro a menor disposição para isso. Estou sendo crucificada, é isso? Por que não a morte? Isso acabaria com tudo e eu não precisaria ir adiante nessa louca jornada. Acho que prefiro morrer.

– Sentirá em você e por você todas as dores humanas ou as maiores dores, mas está em você sofrer com elas. Haverá a opção, tudo dependerá de como você irá enfrentar o que irá lhe acontecer. A escolha será sempre sua, sofrer será sua escolha.

– Não entendo. Você vem a mim e diz que sentirei as maiores dores do mundo no período de três anos. Há como não sofrer frente a isso?

– Você é psicóloga, sabe exatamente o valor da dor e sabe que o sofrimento é sempre uma escolha humana. Esse é o caminho da purificação, esse é o caminho de que sua alma precisa para evoluir. Contate toda a sua coragem para ir adiante.

– Sempre considerei a coragem minha parceira de vida, mas sinto reconhecer que ela me abandonou no momento em que eu mais precisava dela. Estou completamente invadida pelo medo, não quero sentir as dores do mundo em mim, já conheço bem o sofrimento humano, trabalho com ele, mas vivê-lo todo em mim é desumano, não suportarei isso.

– A única coisa que posso garantir é que ao final desses três anos você sentirá a real felicidade, a plenitude e a maior sensação de paz que um ser humano pode sentir. Saberá, por fim, o que é a verdadeira felicidade, livre de toda ilusão da matéria, e será um ser completamente livre. Antes, porém, cuide de sua veia dramática, ela não lhe ajudará a enfrentar tudo o que irá enfrentar. Chegou a hora de beber o líquido precioso da vida. O que você precisa saber agora é que, na linguagem dos alquimistas, a matéria sofre até que o nigredo desapareça completamente. Buscamos o ponto exato no qual a escuridão extingue-se, abrindo novos caminhos, uma clareira no escuro. Saiba que a imensidão do inconsciente está diretamente relacionada à grandiosidade do oceano. É viver *a solutio*, um dos principais procedimentos alquímicos, que vem a ser a transformação de um sólido em líquido, tendo, assim, a chance do retorno da matéria ao seu estado indiferenciado, a prima matéria. Nessa operação, buscamos o completo desaparecimento de uma forma para que uma nova forma possa surgir, buscamos a dissolução do ego. É esse o processo que você vive agora. Só há um caminho e a você só resta trilhar esse caminho, andar sem tanto medo, sem tanto anseio, apenas e simplesmente andar, desenvolvendo a completa aceitação do que se é e do que virá a seguir. O processo se dará em três principais momentos: o primeiro é o chamamento ou abertura, o qual você bem sabe o que é, pois já o viveu; o segundo será o despertar, a possibilidade de, por fim, acordar desse grande sonho que acreditam ser a vida; o terceiro será a morte e o renascimento.

– Não há como voltar atrás? Talvez eu encontre em mim a disponibilidade para viver um processo de alquimia; acho que não estou preparada para isso.

– A teimosia e o medo não ajudam muito nesse momento. Apenas ande...

– Andar? Mas andar para aonde? Aonde isso tudo me levará? Chego a pensar que não haverá mais saída para mim, que a morte será meu fim. Você não vê que sou psicóloga, que fui internada em uma clínica psiquiátrica, que fui tida como louca e não tenho palavras para provar o contrário, já que tudo que vivi foi intenso e assustador demais, muito além de qualquer lógica, de qualquer palavra que eu possa sequer tentar definir? É uma experiência que está muito além das palavras, minha razão não encontra respostas. Não vejo caminhos à frente, vejo apenas a desconstrução da vida que construí ao longo de toda minha jornada, não consigo encontrar razão para estar vivendo isso tudo.

– Não é com a razão que você encontrará respostas. Escute o seu coração, sinta a experiência profundamente e veja o que encontra. Reconheça que a consciência, desperta, normal, que chamamos de consciência racional, é apenas um tipo de consciência. Contudo, ficar presa somente a ela é ficar atrelada à pequena ponta do *iceberg* acreditando que naquela minúscula aparição reside o todo. O que lhe afirmo é que há outras formas potenciais de consciência completamente diferentes e ainda pouco exploradas, maiores, luminosas, grandiosas e reluzentes. É possível passar uma vida inteira nesse estado de anestesia, sem sequer desconfiar de algo além, maior ou mais profundo. No entanto, quando acontece o toque essencial, no momento exato, aplicando os estímulos necessários, temos a possibilidade de ver tal consciência desabrochar em sua inteireza. Chegou o tempo de contatar a saúde do seu coração, a saúde perdida sob o véu da mente e das ilusões que você tinha criado sobre a sua noção de eu. Você está sendo convidada a Transcender o dualismo e a ir ao encontro da experiência da natureza unitiva, indo para muito além das polaridades. A abertura para um nível mais profundo de autoconhecimento revela-se inteiramente para você agora. Aproveite e absorva toda a beleza desse momento existencial. Não dramatize, aceite a vida que deseja nascer, seja honesta com você mesma e veja o que sente.

– Ao fundo vejo conexão e sincronicidade, tanta que chega a ser assustador. Penso que melhor seria enxergar um pouco menos. Na superfície, porém, contato essa força avassaladora e destrutiva, a força que destrói as minhas verdades absolutas e me lança abruptamente ao relativo.

– A força destrutiva irá levar tudo o que já não serve mais. As duras experiências que você irá viver equilibrará seu corpo material com seu corpo espiritual. Na hora da separação das impurezas, de reformar a casa interior, de desapegar-se da velha forma e de buscar um novo jeito de Ser, um novo olhar nasce, é a abertura ao mundo além-matéria, além-forma. Você tem agora a oportunidade de ir além do que está explícito. Entenda, por fim, que a visão lançada a um objetivo racional que segrega, discrimina e classifica em uma ordem mecanicista de entendimento não lhe pertence mais. Essa percepção distorcida e ilusória também leva a um pensar que um muro muito forte de concreto foi construído. Veja bem, ele cresce sorrateira e lentamente, e, na maior parte das vezes, não se tem conhecimento desse muro. A divisão entre os mundos fica rígida e instransponível, e vive-se uma espécie de anestesia, com a ilusão de se ter controle da vida, na busca insana de explicações que justifique algo, que o muro irá proteger de todo o mal. Isso, porém, é uma falácia, isso não é vida, isso é viver pela metade. A oportunidade de viver essa experiência é ter a clareza de que é preciso uma transformação completa em vários aspectos, é a oportunidade da desconstrução completa desse muro, de rever conceitos tanto em termos intelectuais quanto emocionais, interpessoais, espirituais e teóricos. Você chegou a um ponto de destruição interior; a destruição que vive agora é necessária. Para a reconstrução, é necessário desconstruir tudo. Foque agora na urgência da construção de uma ponte, de um caminho verdadeiro para fora desse sólido muro de concreto. Dentro desse novo mundo que se abre agora não há garantias, não há certezas, há apenas a necessidade de enfrentamento, de correr riscos, de enfrentar perigos, de mergulhar no caos, na loucura, no medo da dissolução completa ou da morte. Deste lado do muro onde estou o risco é esse, não há certezas ou verdades prontas. Você tem a oportunidade de viver a fé na real amplitude dessa palavra, vivendo a experiência de quem testa e é testado. O caminho foi aberto e a você resta o caminhar, caminhar para além desse muro.

– Você poderia ter um pouco de consideração comigo e dizer, afinal, aonde esse caminho me levará, para aonde essa ponte que irei construir irá me conduzir. Sou humana, não sei lidar com tantas incertezas; tenho fraquezas, limitações. Sabemos que o maior desafio humano é vencer a sua enorme necessidade de controle. Tenho consciência de que isso é ilusório, que na verdade nada controlamos na vida, que a vida segue seu curso independente da nossa vontade; sei, reconheço isso, mas não pode desejar que eu confie plenamente em você. Não tenho segurança de nada e você ainda vem desconstruir minhas tolas verdades. Diga-me: como começar a ponte? Para aonde ela irá me conduzir?

– O destino surgirá no tempo certo, mas comece pelo começo, é evidente. Mergulhe dentro do si mesma, veja o que o inconsciente lhe revela, onde tudo começou, o ponto inicial da jornada. A busca perfeita pelo equilíbrio entre consciente e inconsciente se dá por meio do que é revelado e em sua expressão mais ampla no inconsciente. Você é psicóloga e sabe o valor do inconsciente na vida de um ser humano, então, chegou a hora de mergulhar em seu inconsciente e extrair dele o tesouro da vida. Os sonhos apontavam nosso encontro, é neles que deve agora focar e buscar a integração; o inconsciente fala à consciência por meio do sonho.

– Buscando em minhas memórias, recordo que tudo começou com um sonho, um inesquecível sonho, que jamais esquecerei. Foi um pouco antes do começo de todo o processo. No sonho, recebi uma linda esmeralda de uma jovem vestida de branco. A partir daí, entrei em outra frequência, em um estado alterado de consciência. Vivi vários dias sentindo um completo estado de êxtase; tudo se transformou em graça e desse estado surgiram as conexões. Vi tudo se transformar em uma experiência completamente atemporal, cheia de graça e luz, até eu finalmente acordar naquele hospital e começar aí meu inferno.

– Não há como conhecer o paraíso sem também conhecer o inferno. Bem-vinda, esse é o caminho. A luz brota da mais profunda escuridão.

– Meu único desejo, o mais ardente em mim, é acabar com isso tudo e retornar a lugares tranquilos e serenos como sempre foi. Sinto medo da dissolução completa.

– É um caminho sem volta. Não há como retornar a lugares conhecidos e seguros depois de ter vivido tudo isso. Esse é o caminho, volto a afirmar, esse é o seu caminho, apenas aceite, será mais fácil.

– Você é a representação da mais pura ambivalência em mim. Cercado de todo mistério, surge como força bruta em mim; deseja me colocar medo e provocar incertezas, revestido de promessas, deseja agora que eu lhe acolha completamente em mim, mas sua ambivalência me lança ao outro lado. O que eu mais gostaria agora é de não precisar lidar com você; ter de ouvir suas duras verdades torna tudo ainda mais desconcertante em mim.

– Vença suas resistências e exercite a entrega, desapegue-se de tudo o que foi até agora. Sua mente material e concreta não existe mais, essa é sua vida agora, conforme-se. É na desolação mais profunda que assola o viver, é justamente aí que desabrocha a nova consciência, no momento em que o ser humano chega ao limite de suas forças. Esse é o momento em que tem lugar a *coniunctio*, a consciência dos opostos. Conhece a frase: *decifra-me ou devoro-te*?

– Claro que sim.

– Ela resume seu momento atual. Aceite a esmeralda como presente que foi enviado do céu para você.

– Um presente repleto de simbologia, de contradições e de ambivalência.

– Você já ouviu falar da Tábua de Esmeralda?

– Não, nada sei sobre a Tábua de Esmeralda, nem sei se me ajudaria saber algo a esse respeito.

– Mesmo assim, vou lhe contar, talvez lhe ajude. A Tábua de Esmeralda é conhecida como o ensinamento mais antigo em relação à alquimia e à pedra filosofal (*lapis philosophorum*). De acordo com a tradição, é uma pedra preciosa, uma esmeralda. Nela, foram feitas, há milhares de anos antes da era cristã, algumas inscrições em alto-relevo. Tais inscrições, consideradas muito precisas, são ainda hoje as mais reverenciadas de todas as fórmulas alquímicas, e se referem tanto a metais quanto à alquimia divina da regeneração humana. A Tábua de Esmeralda está diretamente relacionada ao indivíduo humano (microcosmo) e ao sistema solar.

– Nesse momento, a única coisa que eu gostaria de saber é que diferença fará, para mim, saber sobre a Tábua de Esmeralda se o que vejo agora é apenas destruição. Cale-se, por favor, deixe-me em paz, saboreando o gosto amargo da destruição em mim.

– Meu único desejo é ajudar você a passar por esse período difícil, orientar sua caminhada. Na Tábua de Esmeralda estava escrito a revelação dos grandes segredos da vida, a verdade.

– Penso que melhor seria continuar sem saber de grandes verdades ou segredos da vida. Posso seguir assim, não desejo saber mais nada, o que vivi já é suficiente, o que enxerguei nessa experiência já revela tudo de que preciso. Minha curiosidade a respeito das questões da vida já foi sanada, poderia parar por aqui, sem mais revelações, sem mais visões, já está bom assim. Minha curiosidade acaba de acabar, quero apenas seguir eu e minha paz, eu e minha vida do jeito exato que era, sem mais anseios, sem grandes descobertas, somente vivendo da simplicidade que a vida representa para mim. Sua complexidade e verdades me levam à exaustão.

– Agora não é mais uma questão de escolha. Seguir é uma necessidade, não há como interromper o processo, ele clama por vida em você, chama por existir. Somente ao fim é que você estará liberta. Olhe com mais profundidade para sua existência e veja se realmente você era alguém inteira e feliz. Essa é a oportunidade de você encontrar a vida em sua inteireza, beleza e esplendor. Reconheça que um dos grandes sofrimentos, ou o maior sofrimento humano, decorre justamente da percepção da morte daquele que pensávamos ser. Enfrente sua própria morte com dignidade, ousadia e muita coragem.

– A dor de morrer na vida é a mais desconcertante de todas, jamais pensei sentir essa morte súbita. Sei que vivo agora a morte de tudo o que um dia pensei ser, de tudo o que sonhei para mim. Há um gosto amargo e dilacerante em deixar para trás aquilo que já não serve mais, em abandonar completamente o ontem e deixar o amanhã invadir. É um ponto crucial, um ponto mortal, e aqui reside a grande ferida narcísica. Este é o grande drama humano: o apego àquilo que pensamos ser. Este encontro faz diluir isso em mim; caminho sobre os destroços provocados por sua súbita aparição em mim.

– Bem sabe que o grande sofrimento humano reside no apego, enquanto a maior libertação surge do soltar, do deixar ser. A impermanência da vida provoca o grande terror humano, mas ela é uma das maiores verdades. Enquanto o ser humano não entrar em sintonia com essa fluidez, ele será vítima da vida, e não alguém capaz de viver a vida. Reveja agora esses conceitos dentro de você. Enfrentar tanta morte é desapegar-se completamente, é para isso que você vive essa experiência. Seu drama cósmico irá encerrar com todo o apego, seja ele da concretude ou da noção de eu que você criou ao seu redor. A primeira morte que a enfrenta agora é a morte do apego. Ela abre feridas, dói, mas você logo saberá o que é fluidez e a representação dela em sua vida. Chegou a derradeira hora do confronto egoico. Uma vida feliz e plena não se realiza a partir do ego, pois a concretude da matéria bloqueia a realização do Ser. Enfrente corajosamente a mais escura noite na luz do fogo e, assim, o dia surgirá com o mais intenso brilho. A profundidade e a sabedoria da vida vertem do verdadeiro conhecimento da morte. Nessa dança, você irá se libertar e ganhar vida, dia após dia.

– Sua força incendeia tudo, queima minhas entranhas com suas labaredas, sinto arder em mim as chamas das suas verdades.

– É hora de acender a tocha da sua fé e, assim, deixá-la iluminar completamente o caminho, seguindo lenta e gradativamente ao encontro da pedra. Tudo tem seu tempo, a vida anda em círculos e nela vamos escavar dentro do mais profundo. Permita a fluidez natural que transforma trevas em luz; não aceite verdades prontas, vá além, busque extrair desse escuro do mundo a verdade misteriosa. A mim você clamou, ouvi seu chamado e me faço presente. Vamos juntos percorrer o caminho que irá converter o negro em branco. Seguindo, iremos adentrar no vermelho que diluirá todo o branco; esse é o processo. Você terá a oportunidade de beber o precioso líquido da vida e de sentir o fogo consumindo tudo até finalmente encontrar uma nova ordem. Nesse processo, o que proponho e o que desejo é segregar o puro do impuro. Permita essa chama ardente em você, compreenda que o fogo segrega o desigual e une o que é igual. Eis a sabedoria de Hermes quando diz: "Você separará o denso do sutil e a terra do fogo". Aceite o seu momento existencial, não faça disso uma batalha e tudo será suavizado. Foi difícil chegar, mas finalmente cheguei; apresentei-me em sonho diversas vezes, de diversas formas, sinalizei nosso encontro e agora estou aqui para acalentar sua escuridão, aqui me tenho, aqui me atenho. Interromper tal processo é ficar presa na loucura do chumbo negro.

– Chumbo negro?

– A prima matéria, a substância básica do mundo. Nela está contido o segredo divino da vida e da morte. Essa caminhada vai ao encontro de buscar o que há de essencial no ser humano; resulta daí o Ser imortal. Saiba que não há outro caminho. Somente aceitando essa zona interior é que você chegará ao conteúdo criativo onde se oculta o Si mesmo.

– Suas palavras são atraentes, sua sabedoria infinita, bem como suas verdades ardentes em mim.

– Em um pensar alquímico, para ver nascer o homem espiritual é necessário extrair do chumbo ou da matéria deteriorável toda a grandeza necessária. Essa fase é denominada como a *nigredo*. Nela, veremos o denso do mundo refletir toda a escuridão. Ela é necessária, digamos que até mesmo fundamental, pois dela teremos a possibilidade de abandonar para sempre antigos conceitos falsos e ilusórios. É desse negro que veremos nascer a nova fase, a fase albedo. O sonho deve ser a bússola que irá integrar essa comunicação com o outro lado do muro. Do sonho se origina a luz da caminhada, conheceremos o inconsciente decodificando esses sinais. É do inconsciente que brota a verdade genuína. Nesse mergulho, você terá a chance de integrar completamente tal jornada. O inconsciente está vinculado ao eterno, e do eterno vem os sinais que iluminam a trajetória. É preciso acordar, é preciso conhecer essa força que, por vezes, resplandece como brutal, porém, é ela que sabe, é dela que tudo brota em luz. Apenas permita que ela revele suas mensagens como sinais a serem apreendidos para uma nova forma vir ao mundo. Neste momento, repito a frase dizendo que o quanto depende exclusivamente do quanto irá lhe entregar a esse processo. Esse é um processo que, acima de tudo, exige desempenhar com maestria a arte da entrega.

– Que ser humano não sentiria medo dessa profecia de viver as maiores dores humanas ao longo de três anos? Talvez você esteja exigindo demais de mim. Como posso desenvolver em mim a maestria da entrega sabendo disso tudo? Tarefa difícil essa que você está exigindo de mim.

– A redenção chegará quando o processo for completamente compreendido. O objetivo alquímico é a união dos opostos, de masculino e feminino, de consciente e inconsciente. É nessa dança que você precisa embalar seu corpo a partir de agora e saborear o gosto amargo. É inegável: no começo do conhecimento do Si mesmo de fel reveste-se seu sabor, puro fel é o conhecimento, fel é a verdade que brota da escuridão, de fel é feita a vida que precisa deixar para trás e doce é abertura ao novo momento existencial. Não trago promessas fáceis, trago a verdade e a você resta apenas ampliar o olhar e finalmente aprender a enxergar pelas frestas o novo mundo que se abre.

Do constante diálogo entre *self* e ego eu ia tecendo meu amanhã. O *self* revestido de sabedoria, o ego explicitando seus anseios e medos, dando lugar a uma luta interior. É preciso focar a consciência na realidade da matéria ao viver uma Emergência Espiritual. Quando se abre o olhar da invisibilidade, aumenta a necessidade do foco, da concentração na realidade. É preciso deixar o inconsciente expressar-se, contar sua história, se revelar, afinal, ele tem vida própria. Independente do nosso desejo ou vontade, ele conta sua história e a nós compete a arte de saber decodificá-la, desenvolvendo e exercitando a confiança e a entrega.

Os conteúdos insidiosamente invadiam a consciência e ondas de energia encobriam meu Ser. Na tentativa de alívio para toda essa energia, tentei aprofundar meu olhar no concreto da vida e buscar a ordem em meio ao caos. Para aliviar o influxo de energia do momento, procurei no esporte alívio para minhas aflições. Nas aulas de equitação busquei o refúgio, o equilíbrio e a sintonia com o meu eu mais verdadeiro. O cavalo é, para mim, símbolo de força e uma alegre recordação de infância. Ter esse contato, nesse momento, é ter a possibilidade de estar na essência. Buscar atividades que promovam esse religar ajudam a manter a mente mais aberta e conectada com o essencial, para que, assim, o inconsciente revele-se de forma mais segura e menos amedrontadora.

Viver uma Emergência Espiritual é passar por uma metamorfose completa, é aprender a deixar morrer e a deixar viver. Essa é uma das tarefas mais difíceis que um ser humano pode enfrentar, pois exige muita dedicação e esforço. Essa reconstrução, por vezes, leva a uma completa exaustão psicológica, pois os conteúdos a serem trabalhados invadem de forma contundente a consciência que se abre a tal experiência humana. Quando o processo começa, costuma levar tempo até seu objetivo total ser consolidado. Durante o percurso, é recomendável tarefas mais concretas para buscar o equilíbrio em meio a tantas transformações. Pensando nisso, procurei nos porões da minha existência algo que fizesse sentido para mim. À procura dessa integração de conteúdos e de um novo sentido às experiências vividas, recordei que, quando menina, eu passava horas com minha avó na casa de campo onde ela morava. Sua vida e história representavam para mim todo o mistério a ser desvelado. Era uma vida de isolamento no campo, costurando seus panos na mais completa harmonia com a natureza. Ela e suas histórias, seus contos repetidos incansavelmente, despertaram em mim a fome de entender o ser humano e seus mistérios. Ali nasceu para mim a psicologia. Costurando com ela, eu me sentia junto ao essencial, confeccionávamos os mais variados projetos. Recordo que, entre eles, estavam os singelos fuxicos, recortes em círculo que geram formas variadas. Resolvi confeccionar uma colcha de fuxicos. Levaria bastante tempo; seria como uma mandala, tendo ao centro um coração, a união dos pequenos círculos formaria o todo. É assim que me sinto nesse momento: preciso unir os pontos, costurar meu inconsciente assim como costurava a colcha; dele acredito que poderá surgir a integração do todo. Nesse simbolismo, vejo a colcha ganhando forma do mesmo modo que minha consciência ia abarcando o novo em mim. Eram horas dedicadas ao trabalho manual e à beleza desse momento. A costura uniria para sempre a nova consciência que eu via e sentia desabrochando em mim. Com ajuda da minha incansável e doce mãe, íamos nos divertindo e aprendendo a ressignificar a vida nas horas dedicadas à execução desse projeto, que trazia também a esperança de ver um novo tempo surgindo.

A voz do eterno se faz presente em mim:

– Ao término desse trabalho, você terá uma surpresa. Hora de colocar ordem no caos, de transcender o purgatório.

– Tratarei de terminá-lo o mais rápido possível para descobrir que surpresa é essa. Espero, no mínimo, finalmente encontrar minha paz, vencendo completamente o medo que sinto de você e superando o medo que enfrento fruto desse encontro.

– Não desconsidero sua apreensão, mas o que proponho é a busca incansável daquilo que há de maior, incorruptível e essencial. Você terá a sua surpresa ao final, a qual irá ao encontro daquilo que você necessita para seguir. Lembre-se, o caminho, por enquanto, ainda não é de flores.

– E para isso eu preciso sentir essa dor em meu corpo, como se eu tivesse sendo crucificada? É como se tivessem aberto chagas em minhas mãos e pés, e dói sempre que sinto alguma dor emocional. Você sabe o que é viver assim? Quem entenderia isso? Que medicação tomar para aplacar esse tipo de dor? Não há; preciso suportar essa dor física e emocional como se eu tivesse sendo literalmente crucificada, isso é completamente desconcertante. Por que preciso viver tudo isso?

– Simplesmente porque viver uma Emergência Espiritual ou crise mística é internalizar completamente o Cristo que habita em seu Ser. É reconhecer nele o caminho e a verdade, é acolher ele vivo como símbolo maior do Ser que abrigou em seu próprio corpo toda a dor humana para se transformar no mais puro amor; essa representação é viva no inconsciente coletivo. Acessar esse ponto deve ser a máxima representação do Cristo vivo no Si mesmo, ele como o símbolo da individuação, da liberdade humana, do ser desperto, do desapego completo do mundo material, para encontrar a total rendição ao mundo espiritual. Viver isso é sentir sua dor na própria carne. Então surge o novo corpo, o corpo espiritual; o que posso lhe garantir, porém, é que as dores nas chagas começarão a passar quando você começar a aceitar e se entregar ao processo. Não há por que se preocupar, sua consciência está completamente preservada, uma nova consciência deseja nascer, aceite isso. Você é capaz de cumprir seus compromissos naturalmente e está sendo convidada a ampliar seus horizontes. Seja sua melhor paciente nesse momento, trabalhe árduo e reconstrua seu mundo. Aceite em você a representação do curador ferido, aquele que por meio das próprias feridas ganha força e sabedoria para curar as feridas dos outros.

– Sim, nesse momento começo há contatar em mim algo novo para além da destruição.

– Chegará o dia em que você não mais se defenderá de mim e entenderá que o que está vivendo é a transição de uma psique materialista e reducionista para um despertar da sua verdadeira natureza. Para isso, você precisa acolher completamente a espiritualidade. Enfrente sua sombra, isso é você. Sua alma precisava passar por isso para amadurecer, sair do estágio infantil/espiritual em que você se encontrava para ser uma pessoa mais integrada e inteira. Liberto sua alma do mais profundo da Terra. Neste momento, entre em contato com a vontade que torna visível o oculto e só então entenderá toda a obra. O enxofre é uma das matérias básicas do processo alquímico. Ele está relacionado a toda parte ativa da psique. Com essa força, que por um lado pode ser destrutiva, também é possível produzir todas as cores, enchendo com o colorido necessário a nova vida que brota de você.

– Não há cores além do negro da vida. Por agora, as cores são apenas o reflexo das suas palavras. Não encontro cor alguma além do escuro. Conhecer Deus e ser lançada ao obscuro. Por que o caminho precisa seguir essa trilha?

– É a sombra humana que maltratada dessa forma, que julga, que rotula, que discrimina. Não há como negar que, ao internalizarmos o real significado dessas palavras – Amor, Alma, Liberdade e Deus – uma certeza teremos: a de que delas resplandecem toda a beleza da criação, assim como também são revestidas de incertezas e provocam o maior temor quando próximo a elas chegamos, afinal, vertem dessas palavras os maiores e grandes mistérios da vida. É difícil entender seus enigmas e desígnios. Aprofundando ainda mais, porém, o que lhe afirmo categoricamente é que, quando o espírito da eternidade encontrar passagem na trilha que conduz ao Si mesmo, no momento em que ele penetrar em todo Ser, alcançaremos a mais dilacerante dança entre o bem e o mal. Você reconhece o passo dessa dança, pois ele expressa exatamente o seu agora. Na ambivalência do momento, o mais certo é que somente eu poderei lhe ajudar agora. Por fim, compreenda que somente aquilo que verdadeiramente somos é que tem o poder de curar-nos na profundidade de quem verdadeiramente se é. Absorva e me aceite em você.

– Você vem a mim revestido de artimanhas e de vontade de dissolver-me. Você é assustador, mas o seu brilho inebriante me faz sorver lentamente esse fel. Sinto seu sabor amargo envolvendo todo meu Ser.

– É chegada a hora de superar os grilhões das ilusões perturbadoras em que você vivia, que vai além do mundo inferior. Transmute o seu medo e venha acolher o que tenho para lhe mostrar. Afirmo agora que o caminho é o de disciplinar a mente e a sua vontade. Reconheça e aceite que a proposta da vida é a marcha para a Unidade. Procure suas respostas dentro de si e não fora, assim, deve promover a entrega completa ao que você vive nesse momento.

– Você fala isso como se fosse simples. Olhando ao redor, vejo apenas o reflexo da incompreensão. É desolador viver toda a incompreensão humana, é só isso o que encontro.

– Quanto mais incompreendida se sentir, mais próxima de si mesma você estará! Assim é.

– Se isso for verdade, então, estou completamente em mim, pois a incompreensão de tudo que vivo é imensa, intransponível, e me lança a um caminho completamente solitário, no qual jamais pensei estar.

– Chegou a hora da descida, de ir ao fundo do Si mesmo. Chegando lá, interrogue-se sobre o sentido do seu próprio ser. Sua busca deve ir ao encontro do *segredo dos segredos*, do porquê da existência humana. Acorde para o simbolismo desse processo e tente compreender o que você está vivendo e para quê tudo isso. Para lhe ajudar a compreender melhor, posso dizer que a ideia alquímica de morte da matéria-prima e seu descanso em trevas absolutas são necessários e esperados para que delas se possa engendrar a *grande obra*. Fazendo uma analogia com a matéria-prima do alquimista, ele sabe que terá de contemplar o mais profundo negro, do negro de toda incompreensão, de toda a escuridão a qual você foi lançada, irá ver emergir com nova identidade psíquica.

– Será que não teria um caminho mais fácil de buscar esse conhecimento?

– Nessa escola invisível não há caminho fácil. O peregrino precisa viver todas as fases, passar por elas e sair delas renascido, uma a uma. Assim é a alquimia: um processo de transmutação, de purificação e de transformação de materiais. Relacionando ao processo psicológico, vamos ver os sentimentos e emoções mais densas sendo diluídas. Para isso, porém, é preciso da prática, é necessário viver o processo e assim fazer a completa transformação.

– Pelo jeito, você pensa que a alquimia tudo responde, que dela vem toda a sabedoria. Saiba que não me agrada em nada essas nobres verdades ou segredos da vida. A mim agrada a paz, a beleza, a felicidade; é isso que considero vida de verdade. O deserto em que vivo agora é árido e pouca vida floresce aqui.

– A paz chegará, no tempo certo. Estamos trabalhando e esse trabalho exige de você muita determinação, fé e perseverança. Desejo recordar de seu sonho, onde você caminhava com uma pequena caixa, na qual havia algo muito misterioso, recorda?

– Claro que sim, esse sonho foi marcante, com sensações muito agradáveis. Levei a caixa para mostrar a uma pessoa muito importante, não sei se era em um hospital ou universidade. Mostrei o conteúdo da caixa para o diretor desse local e ele ficou surpreso, não sabia como eu havia conseguido tal proeza.

– Lembra o que havia na caixa?

– Não. No sonho eu sabia exatamente, parecia ser um grande tesouro, mas depois eu nunca consegui saber o que havia ali dentro.

– Pense que ao final dessa jornada você irá descobrir seu conteúdo.

– Facilite meu caminho e diga-me logo o que havia ali.

– Há coisas na vida que merecem ser vividas, apreendidas. Dessa forma nunca serão esquecidas porque serão realmente compreendidas; a ação do tempo a partir das experiências vividas irá revelar as verdades escondidas.

– Teus enigmas me levam a exaustão.

– Por enquanto, trate de expandir seu repertório teórico. Aumentar seu conhecimento teórico dará sustento a suas vivências. O conhecimento do que se vive realmente possibilita o andar seguro, pois é o firmamento que sustenta a prática. É preciso significar a experiência. Compreender o fenômeno propicia um ir além com maior garantia, a qual alcançará o ponto final satisfatoriamente.

O período posterior à experiência de Emergência Espiritual é um período de transmutação que por vezes reflete um investimento laborioso que pode levar a mais completa exaustão. Os conteúdos a serem trabalhados e transmutados invadem insidiosamente a consciência, e exatamente por isso é que é um período extremamente rico. É nele que se dá a possibilidade de abertura de um canal claro e permanente que favorece o contato entre a pessoa e a sua natureza transpessoal ou supraconsciente. Ao superar os conflitos e anseios do momento, fica também a clareza da grande oportunidade desse momento, por ser um ponto de abertura de consciência no qual serão trabalhados todos os aspectos da nova forma de Ser que desabrocha livremente. Ocorrem muitas transformações, vive-se aqui uma alternância entre luz e sombra, entre alegria e sofrimento. As experiências são vividas de forma muito intensa, profunda e reveladora, é um momento de muitas descobertas e novidades, e por isso é tão comum esbarrar na resistência à continuidade do trajeto. O medo permeia todo o processo, pois nesse encontro há um completo despir-se, há o deparar-se com o desconhecido, não se tem certeza de absolutamente nada. A verdade é que há um desconhecimento completo do que será encontrado nessa caminhada, que vai ao encontro do olhar para a invisibilidade.

É possível constatar que esse é um período que reflete toda a transição do momento, e justamente por isso desabrocha revestido de complexidade, pois representa uma interface, velho e novo, um tempo de não estar nem lá nem cá. Aos poucos e gradativamente vai se abandonando a velha forma para dar vida a um novo e belo olhar: é nessa fase intermediária onde se acolhe completamente o novo, e ele surge revestido dos mais diversos paradoxos, pois a verdade que se apresenta nem sempre estará em concordância com a verdade anterior, gerando, assim, conflitos interiores muito profundos. Os desafios e riscos desse empreendimento são gigantescos, pois a transformação ocorre de forma rápida e muito profunda. Os conteúdos são lançados sobre o Ser, que se vê diante da força bruta da revolução que assola seu viver. Contudo, se houver uma abertura, é possível ir lentamente sentindo o ganho da caminhada, do processo em si. Abrir espaço para a nova vida é deixá-la desabrochar livremente, e nesse desabrochar ir permitindo um contato com um sentido maior. É referir que o Ser, ao viver tal processo, preenche sua vida de um propósito maior, dá significados ao vivido e aumenta a percepção de que tudo é um processo psicológico, representando um sentido maior a ser decifrado.

O desenvolvimento de uma percepção mais abrangente irá promover uma melhor compreensão do que se observa e vive, indo ao encontro de um conhecimento mais profundo a respeito do Si mesmo e da vida. Esse constante movimento e diálogos promovem a tarefa de refazer a personalidade. Por outro lado, é possível apontar também a força egoica como força contrária a essa reconstrução. O ego sente-se ameaçado em seu território e resiste, desejando ardentemente voltar a lugares seguros. É essa força de opostos que precisa ser transmutada até chegar o momento de abrir caminho ao novo, ao desconhecido, onde tudo é mistério. O mais preciso a ser dito é que essa caminhada apresenta um eu que avança em marcha sobre o incompreensível, sobre o misterioso, ao encontro de tudo o que há de mais sagrado no mundo. Esse eu resiste, mas sabe que precisa seguir na busca, pois tem consciência plena de que perder pode ser ao mesmo tempo ganhar; essa é a marcha que conduzirá o olhar a um novo e mais colorido horizonte.

– Esbarro em minha finitude humana, entrelaço palavras para significar e representar esse momento.

– Permita esse fim, viva ele, acolha-o em si. Para que possas ascender ao infinito é preciso transcender o finito.

– Você vem até onde estou carregando palavras de esperança, e fico a me perguntar: para que me leva tão longe?

– Para que possa se encontrar por inteiro, na sua plenitude. O difícil é encontrar o caminho, porém, depois de estar nele, não há como voltar. Não tente estagnar a força da transformação que assola seu viver. Afinal, você sente medo de quê?

– De ti, vejo em você a grandeza e a soma da força bruta que pode tanto acalentar quanto dissolver. Não sei lidar contigo, pois provoca-me medo e fascinação.

– No momento, o que posso afirmar é que carrego comigo a chave da sua libertação. Lembra-se do sonho das chaves?

– Chaves? Ah, sim, estou lembrada, as três chaves que recebi do sábio, como haveria de esquecer de um sonho tão marcante. Uma das chaves recebidas pelo sábio associei como representante da minha realização pessoal; a outra, como a representação da minha vida profissional; e a terceira, a mais enigmática, eu não soube fazer nenhuma associação do que seria, mas senti por ela uma atração magnética. Foi um sonho inesquecível, fiquei muito emocionada e grata pela graça que senti no momento.

– Estou aqui para lhe afirmar que essa tão atraente chave está comigo. Ela lhe propiciará a entrada no portal, a chave da sua jornada cósmica, a chave de uma vida espiritual.

– Gostaria de ter acesso a ela e de por fim a isso tudo.

– Na alquimia temos a ideia da transformação de metais em ouro. Acredita-se que essa perspectiva está diretamente ligada a uma metáfora de mudança de consciência. A pedra seria a mente ignorante que é transformada em ouro; tempo e paciência são ingredientes básicos.

– Devo assumir minha mente ignorante, é isso?

– Exatamente isso. Assumir sua mente ignorante pode ser o mais sensato agora. Você desconhece completamente o lado de cá do muro, portanto, assumir a ignorância pode ser o primeiro sinal de inteligência.

– E se eu desejar permanecer na ignorância, qual é o problema?

– Não avançar agora é correr o risco de ficar presa no porão escuro, no chumbo. Está sendo convidada a avançar.

– Vejo-me sem escolha, portanto, seguirei. Contudo, não esqueça da promessa. Farei a colcha, buscarei concentrar minha atenção e integrar meu inconsciente pessoal e farei o possível e o impossível para transpor meus obstáculos humanos. Estou sendo movida pela esperança de que ao término desse trabalho manual as coisas ficarão melhores para mim; preciso acreditar em algo.

– Sim, você terá uma surpresa ao término do seu trabalho manual, é só o que posso lhe dizer.

– Isso basta para eu começar logo, esperando o fim disso tudo.

– Lembre-se de que o caminho é mais importante que o destino, aproveite bem a trajetória. O que precisas saber é que, ao avançarmos ainda mais, veremos desabrochar o segredo da ressurreição e da imortalidade, desvelando Deus e sua criação. Permitir que essa experiência se realize completamente no Si mesmo é contatar a vida que se encontra prisioneira da morte e permitir viver a morte a fim de desabrochar a vida.

A experiência mística inunda o Ser da mais brilhante luz, a qual só é ofuscada pela ignorância e pelo medo que permeia tal processo. Faz-se necessário abrir caminhos na escuridão por meio da abertura e da leitura dos sinais que envolvem o processo. Do oceano do inconsciente recebemos a oportunidade de decodificar a alma e de elucidar os fatos para assim buscar a inteireza. Ouvir a voz da eternidade é estar em contato com o espírito, aquele que tudo sabe, por estar ligado à verdadeira fonte da vida. Ele é apenas um ponto, forte e brilhante, o ponto que unirá o todo. É só ele a seguir, ele a guiar; o ponto de luz conduzirá o caminho quando nada mais explicar ou justificar a caminhada na tempestuosa busca do Ser. Fica a certeza de que desbravar o Si mesmo se dará mediante o irremediável conflito, mergulhando e desbravando o conflito insolúvel e vinculado à eternidade e aqui vale afirmar, é exatamente quando o ego silencia que vemos o toque de Deus, nesse silêncio derradeiro veremos a mais bela entrega. É aí que emerge a completa compreensão do que é, deixando para trás tudo aquilo que parecia ser.

Enfim cheguei
Até o fim do fim
Tempo...Que ficou ao tempo
Que ficara para trás
Que ficara na memória
Nas marcas e registros
Enfim, esse é o fim
Sem dor, sem cor
Apenas sendo o que sempre foi
O fim que esteve presente durante todo o tempo
Só ele sabia existir
Chegou o fim, assim...fim!
Morre o agora e nasce o amanhã
Rendo-me a esse momento
Mergulho no recomeço
Agora sim...fim em mim
Em mim até o fim
Faz o fim ser o sim...
Presença plena de mim.

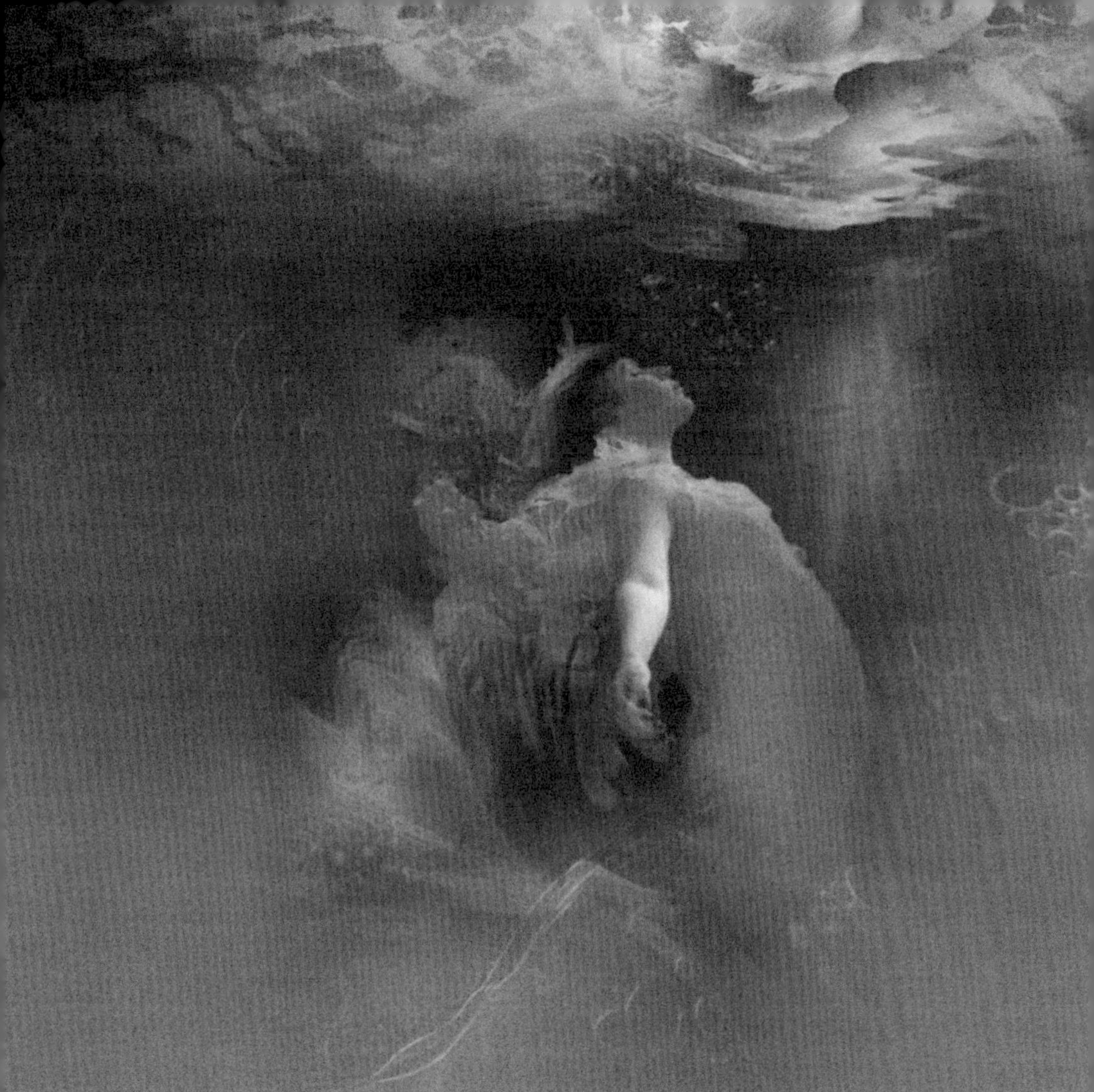

Capítulo IV
Ampliando o olhar

Um dia, depois de dominarmos os ventos,
as ondas, as marés e a gravidade,
vamos dominar por Deus as energias do amor.
E, então, pela segunda vez na história da humanidade,
o homem terá descoberto o fogo.
Teilhard de Chardin

Vivemos hoje uma verdadeira revolução científica, caracterizada pela necessidade de mudança de paradigma. O mais correto a se afirmar nesse momento é que o velho paradigma newtoniano-cartesiano é expressão de uma verdade parcial e reducionista. A Psicologia Transpessoal apresenta uma nova forma de enxergar a realidade, a qual faz florescer um novo paradigma. Falamos aqui do paradigma holístico, o qual traz no seu núcleo novos questionamentos, percorrendo o caminho de fazer brilhar novas formas de interpretar a realidade, ensejando com isso uma nova e mais apropriada forma de compreensão da consciência humana.

A Psicologia Transpessoal surgiu a partir de um movimento iniciado nos Estados Unidos durante os anos 1960. O movimento tornou-se conhecido como a quarta força em Psicologia, após o Behavorismo, a Psicanálise e a Psicologia Humanista. Alguns dos pensadores que se destacaram foram: Abraham Masslow, Roberto Assagiolli, C. G. Jung, Viktor Frankll, e, mais recentemente, Pierre Weil, Stanislav Grof, Roberto Crema, entre outros.

A maior contribuição da Psicologia Transpessoal nesse novo paradigma é a elaboração das cartografias da consciência. Ela resulta dos estudos de diversos pesquisadores que investiram seu tempo e objetivo na busca de melhor compreensão dos níveis mais profundos da consciência humana, trilhando e abrindo novas pontes para investigação e conhecimento para além da consciência comum. Esses estudos nos brindam e revelam a possibilidade de aprofundar o olhar dentro da jornada humana, avançando e desvelando novos horizontes da consciência humana.

William James afirmava que a maioria das pessoas vive física, intelectualmente ou moralmente em um círculo muito restrito do seu potencial de Ser. Ele apontava também que todos têm um reservatório de vida para evoluir com o qual nem sonham. Faz-se uso de uma porção muito pequena das possibilidades da consciência, e é dessa compreensão mais abrangente que se almeja tocar em novas dimensões da consciência humana. Buscar essa ampliação propicia um conhecimento mais amplo e assertivo do Ser humano na sua caminhada terrena.

Conforme Grof, a consciência é a expressão e o reflexo de uma inteligência cósmica que permeia o Universo, preenchendo toda existência. Segundo ele, somos campos ilimitados de consciência transcendendo tempo, espaço, matéria e causalidade linear. Tal pensamento reflete o quanto ainda temos a desenvolver e a descortinar em nós desse vasto manancial de recursos e possibilidades, e a verdade é que ainda engatinhamos nesse território repleto de oportunidades. O caminho está aberto, resta-nos seguir por ele, avançando nos estudos e buscando a luz que irá permitir o desenvolvimento pleno de nossos recursos interiores.

Dessa forma, ao aprofundar nesses conceitos, é possível afirmar que o trabalho em diferentes estados de consciência é vital, assim como o foco na abordagem transpessoal, pois há o reconhecimento que somente frente a essa expansão da consciência de vigília, para além dos limites usuais da realidade cotidiana, é que poderemos buscar o desenvolvimento no eixo evolutivo. Concluímos, então, que seu foco é acessar a dimensão supraconsciente, a qual se denomina Ordem Mental Superior. A partir dessa perspectiva e forma de compreensão do ser humano há o entendimento de que o estado de vigília se apresenta limitado e incapaz para ir à fonte. Por esse estado não há como acessar o centro das questões humanas; nesse sentido há o discernimento de que precisamos nos apropriar e integrar outros níveis de consciência para que, assim, aconteça o desenvolvimento humano em sua forma mais plena.

Visando um melhor entendimento da temática na perspectiva holística é que proponho um esclarecimento a respeito da definição de consciência. Nessa perspectiva, pode-se inferir que estados não comuns de consciência são manifestações da psique humana, e é esse o centro de estudo da Psicologia Transpessoal, na qual os diferentes níveis de consciência são, como já citado, entendidos como parte da natureza da mente.

A partir dos conceitos de Pierre Weil darei um breve apanhado dos diferentes estados de consciência:

a) Vigília: nesse estado encontramos predominantemente as funções do ego. Remete a relação do indivíduo com o ambiente e a mente, as emoções, os cinco sentidos em um mundo tridimensional. É o mais conhecido e comum dos estados; nele o indivíduo "acordado", em seu cotidiano, executando tarefas rotineiras.

b) Devaneio: esse estado traz ideias e imagens desconexas, ou mesmo criativas, literárias, artísticas, científicas ou administrativas. Aqui há maior possibilidade de realizarmos a associação livre. A atenção é difusa e há nela total receptividade, disponibilidade para o momento presente.

c) Sonho: Para Freud, todo conteúdo manifesto trazido ao consciente pelo sonhador é gerado pelo conteúdo latente, constituído por impulsos, pulsões, motivações e desejos do inconsciente. Para a abordagem Transpessoal, o conteúdo latente inclui, além do inconsciente individual, acontecimentos ontogenéticos, filogênese, inconsciente coletivo arquetípico e dimensão superior da consciência ou supraconsciência. Dessa forma, o conteúdo manifesto pode ser a expressão das pulsões de vida, de morte e de transcendência.

d) Sono profundo: corresponde à inconsciência total. É como se um véu separasse o indivíduo do mundo externo. Nesse estado temos o completo desaparecimento do ego, é o momento em que a consciência retorna a sua fonte; o indivíduo é revitalizado.

e) Despertar: encontramos aqui a intermediação entre a consciência individual e a consciência cósmica, constata-se a saída do torpor, a saída do automatismo. Em um processo gradual e contínuo, o indivíduo vai adquirindo um nível mais amplo de consciência, de reflexão e de percepção da sua existência. É o despertar de um observador do si mesmo. Aqui surge a percepção da essência, ocorre a desidentificação das partes, das emoções, da mente, dos papéis do corpo. Ocorre a expansão do campo da consciência.

f) Consciência cósmica ou plena consciência: nesse estado contatamos a superação da dualidade sujeito-objeto (unidade) ou estado não dual, a vivência de uma luz radiante que impregna o espaço, a experiência de vacuidade. Há também a experiência energética de iluminação interior e o sentimento de viver a realidade como ela é. O medo da morte desaparece e dá lugar à vivência da eternidade e à descoberta do real sentido da vida e do sagrado. Dessa percepção, compreensão e forma de estar no mundo resultam no fim do sofrimento psicológico.

A grande revolução e a contribuição para esse paradigma brotam dessa forma de olhar e de acolher o humano integralmente, pois por meio desse olhar teremos a possibilidade de acolher e de integrar tais níveis de consciência, visando a uma ampliação dos domínios da mente humana. Esse é o caminho para o desabrochar de um ser humano em sintonia com sua verdadeira potencialidade humana. Com essa compreensão, encontraremos um ser humano mais aberto e receptivo ao plano superior, desarticulando verdades prontas e preconcebidas para só então entrar no campo das possibilidades, visando com isso a uma existência mais plena e em contato com as verdades essenciais. É por isso que se faz tão necessário o olhar ao todo, buscando encontrar e desvelar a totalidade existencial.

Na caminhada rumo à totalidade humana, veremos que a apropriação dos domínios do inconsciente humano é o portal que abriga a possibilidade dessa consciência mais plena. Não há caminhos profundos sem adentrar neste vasto recurso que habita em nosso Ser; nele e por ele encontraremos o caminho e a luz da jornada na busca da integração humana.

Capítulo V

Parindo uma nova Consciência

Uma nuvem não sabe por que se move em tal direção e em tal velocidade; sente um impulso... é para este lugar que devo ir agora. Mas o céu sabe os motivos e desenhos por trás de todas as nuvens, e você também saberá, quando se erguer o suficiente para ver além dos horizontes.

Richard Bach

Aos poucos fui integrando o conteúdo de meu inconsciente, uma árdua tarefa. Revisitava meu passado, minhas vivências, tentando tirar dali o essencial e me reconectar com a fonte da minha existência. Costurando meu inconsciente, da mesma forma que ia vendo a colcha sendo costurada e ganhando forma, fui gradativamente me abrindo para esse movimento e energia que guiavam minha vida. A voz do eterno, cada vez mais ousada, teimava em se fazer presente na minha consciência, firmando meus passos em meio ao nevoeiro. Após nove meses de um laborioso trabalho, por fim chega o tão esperado momento, o término da colcha.

Abro meus olhos e percebo que novamente estou em um lugar diferente do meu lugar comum. Tento lentamente absorver o que estava acontecendo; olho ao redor e vejo uma mulher de branco ao meu lado:

– Olá. Como está se sentindo, Clezelda?

– Olá, acho que estou bem, apenas um pouco sonolenta.

– Logo você ficará bem novamente, só precisa descansar.

– Dessa vez acho que quase fui para o lado de lá.

– Sim. Foi muita sorte encontrar um médico para fazer o procedimento para a retirada da pedra que estava obstruindo seu canal biliar.

Digo isso porque, em pleno feriado, foi muita coincidência encontrá-lo aqui. Encontrei-o no corredor já de saída; se não fosse essa feliz ocorrência, sua situação seria muito perigosa. Sua vida estava em risco, pelo jeito seu santo é muito forte mesmo.

– Acho que ainda não chegou o momento de morrer.

– Sim, seu caso era bem grave, mas por sorte tudo deu certo.

– Foi tudo tão rápido que nem percebi que estava quase morrendo. Para morrer basta estar vivo.

– Final feliz, agora está tudo bem, é isso que importa.

– Eu gostaria muito de falar com o médico que me recebeu na emergência. Não consigo parar de pensar nele e na forma desastrosa como ele me recebeu aqui.

– Ele não está no hospital no momento, mas pode falar comigo. Em que posso lhe ajudar?

– Teria de ser com ele. Gostaria de falar sobre o que ele provocou em mim no momento em que eu vivia a mais terrível das dores que já vivi. Eu estava completamente amarela e com uma dor insuportável em meu estomago. Ao ver meu corpo naquele estado, o médico foi logo dizendo:

– Você está com hepatite, devido ao uso de drogas, e isso sugere que tenha HIV.

Conforme ele, essa era a primeira opção do diagnóstico. Quase morri ao ouvir tal absurdo, pois nunca usei drogas e jamais desconfiei de que pudesse ter HIV. Depois de descartado esse fatídico diagonóstico por meio de exames, ouvi dele que meu caso era gravíssimo e que minha vida estaria em risco. Nunca estive tão perto da morte, e naquele momento comecei a orar e a me despedir mentalmente da vida. Foi desastrosa a bordagem dele, isso tudo ele informou sem fazer um único exame, apenas vendo meu estado. É inacreditável; se eu sofresse do coração, poderia ter morrido ali mesmo.

– Sim, é realmente precipitado falar algo assim sem antes fazer os exames.

– Não é apenas precipitado, é completamente desumano. Gostaria muito de poder falar com ele sobre isso.

– Infelizmente agora isso não será possível. Tente descansar, é só isso de que precisa no momento. Estarei no hopital, se precisar de mim, é só chamar.

– Grata por tudo, acho que meu coração é forte.

– Hora de viver Clezelda, o pior já passou.

Meu marido entra na quarto aliviando meu silêncio.

– Sorria, está de volta à vida! Eu trouxe flores para a madame.

– Grata, são lindas!

– Como está se sentindo?

– Surpresa com tudo, ainda tentando elaborar o que aconteceu. Tudo isso que vivo é de uma intesidade tamanha que preciso ser rápida para decifrar os enigmas dessas experiências todas.

– Não pense nisso agora, você está viva, e é isso que importa.

– Sim, mas tudo em nossa vida tem um sentido, um propósito, nada nos alcança em vão. Apenas precisamos encontrar o sentido de nossas experiências, boas ou ruins, sempre há um sentido.

– Deixe de tantas reflexões e viva, simplesmente isso. Aproveite o que há de melhor na vida.

– Entendo que aproveitar o que há de melhor na vida é decodificar as mensagens implícitas em tudo, não sei viver de outra forma.

– E que mensagens você vê nisso tudo?

– Que estou sendo testada até os limites das minhas forças. Quando penso que não conseguirei mais seguir, vem uma nova experiência que me faz contatar algo que eu nem imaginava ter, e assim vou indo. Tudo faz parte do mesmo processo, você consegue entender?

– Não consigo ver com tanta profundidade.

– Viver uma transformação dessas é aproveitar todas as oportunidades para aprofundar o olhar. Tudo se torna uma grande chance, uma oportunidade de refletir e de assimilar o todo em nós. Nada vem ao acaso, tudo o que é, o é por alguma razão.

– Já lhe conheço bem para saber isso, e qual a grande lição disso tudo?

– Ainda preciso mergulhar dentro de mim para saber, não tenho essa resposta, mas logo a terei. Estou envolvida com o propósito de me melhorar como ser humano, de me desenvolver plenamente. Aceitei a ideia de que fazemos parte desse algo maior, que não somos pontos soltos ao nada, que somos pontos ligados ao todo. Unir esses pontos deve ser nossa prioridade, daí advém a possibilidade de ir além do que está aparente para buscar respostas que justifiquem a nossa caminhada aqui na terra, é assim que vejo. Às vezes a vida parece encontrar sua graça no absurdo, e é aí que precisamos focar o olhar e encontrar a luz que a tudo conduz. Agora o que eu quero mesmo é sair desse hospital e voltar para minha vida, com um novo jeito de Ser. Sinto-me recebendo uma nova chance, contatando uma nova forma.

– É só isso que espero, que volte tudo ao normal.

Ao ficar sozinha novamente, mergulho em meus pensamentos, tentando entender o significado de estar vivendo tudo isso. Em seguida, a voz do eterno se faz presente em mim:

– Finalmente o parto?

– Parto, vem a mim para falar do absurdo de tudo que vivo...

– Venho para lhe falar da bênção...

– De que bênção fala voz do absurdo? Então não vê que estou aqui nesse hospital, que quase morri? Como ousa me falar em bênção nesse momento? Passei nove meses fazendo aquela bendita colcha, focando minha consciência e recitando mantras para que minha mente conseguisse absorver tudo que via e agora estou aqui, vivendo esse absurdo. Recordo exatamente das suas palavras sobre uma surpresa quando a terminasse. Finalmente terminei e posso lhe dizer que foi uma belíssima surpresa: quase morri, é isso que deseja ouvir? O que espera de mim em um momento como esse? Afinal, para que viver isso tudo? Que sentido devo tirar dessas duras experiências? Vivendo entre a graça e o absurdo completo, só posso pensar que é um caminho íngreme demais para seguir, minha única vontade é de desistir e não ter mais que saber da sua existência em mim.

– Entendo e aceito seu desabafo, não prometi um caminho de flores. Encontrarás espinhos, é assim, lembre-se de que estamos atrás da pedra filosofal.

– A única pedra que encontrei até agora foi essa que quase me tirou a vida, uma grande surpresa, de fato. Por certo é dessa pedra que você me fala, se é ela que procura, já a encontrou em mim. Agora me deixe em paz e não me fale mais em pedra, essa já é suficiente para eu entender esse louco processo.

– Falei que você teria uma surpresa ao final da confecção da sua colcha, e de fato teve. Hoje, dia 8 de setembro faz exatamente nove meses do começo da sua experiência, e sincronicamente você tem seu trabalho manual finalizado. Nada é ao acaso, podemos pensar em uma gestação e que agora você irá parir algo novo. Despertar para a realidade nova da vida é como experimentar um parto interior, profundo, libertador, e, sobretudo, feliz.

– Feliz? Você parece nada saber sobre felicidade. Quase morri, se não pelo meu problema real, morreria pela forma como fui recebida nesse hospital.

– Podemos entender esse momento como a tão esperada operação amarela. Do amarelo que seu corpo apresentou brota a conhecida operação amarela da alquimia. É nessa fase que os metais sofrem a transmutação: corpo, alma, mente e espírito agindo integralmente, como está acontecendo contigo nesse momento, seu corpo também conta essa história. Atente para a beleza disso tudo, para a possibilidade de integração que você está tendo. Olhe para toda a benção desse momento e veja que do amarelo surge o amarelo e dele a metamorfose. Você vive o que chamamos de o despertar da matéria, a quebra da ilusão da casca. Morte não existe, desapegue-se completamente dessa ideia. É a sua oportunidade de rever conceitos, de abandonar velhos paradigmas e de aceitar por fim o novo momento. Você precisa trabalhar ainda mais a entrega e o desapego. Abra seus olhos para perceber e contatar o eterno, despindo-se da ideia da finitude da vida, pois o eterno desabrocha neste momento em você.

– Por hora, a única coisa que penso é que essa pedra já foi o suficiente para mim. Não sinto a menor disposição de percorrer esse caminho pedregoso, só encontrando pedras pelo caminho. O que posso pensar neste momento é que esse é realmente um caminho de pedras.

– Você não tem escolha. Você tem as experiências que sua alma precisa para desabrochar livremente, ultrapassando sua visão limitada e adentrando em uma nova consciência. Que esse parto simbólico, que essa pequena pedra que lhe lançou a profundos questionamentos sobre vida e morte, seja a representação da sua nova consciência na vida. Você ainda não morreu, precisa seguir sua jornada, enfrente isso. Morte e vida não existem, tire os véus de sua visão, pare de tentar normatizar suas experiências e a si mesma. Desça ao fundo e recolha suas verdades na fonte da vida, entregue-se ao eterno e tudo ficará mais claro e cheio de graça. Não vê que resistir a isso é a verdadeira loucura?

– Deixe-me em paz com minha fragilidade humana, deixe-me com meus medos e anseios. Sou um ser humano dotado de imperfeições, não disponho da grandeza que deseja.

– Você age como se eu desejasse o seu mal, como quem teme a si mesmo.

– Minha forma de agir em relação a ti refllete o medo que tenho dessas duras experiências as quais me submete.

– Anseio pelo momento ao qual o espírito comandará completamente a matéria e o psíquico estará em harmonia com o físico; esse é o lugar que almejo. O estado de sono é a estagnação da alma. Em uma releitura do Evangelho de Jesus, o discurso está registrado sempre em advertências aos adormecidos, seja pelo sono fisiológico, seja pelo sono moral, seja pelo sono intelectual. Você tem agora a oportunidade de acordar de seu sono profundo. Lembra-se do sonho que teve ontem?

– Como não lembraria, me surpreendi! Sonhei que eu estava na minha casa e encontrei um espaço totalmente novo, que jamais havia estado ali. Recordo do meu espanto por nunca ter percebido esse espaço tão belo e por ele estar completamente vazio. Era um lugar lindo e ensolarado.

– Durante esses nove meses fizemos a limpeza de seu porão existencial e do seu inconsciente pessoal para que, aprofundando o olhar, você descubra novas paisagens dentro de si, para que encontre um lugar ainda inexplorado em sua consciência. Viver uma Emergência Espiritual é inundar-se do eterno, ser aprendiz da escola invisível. Um processo com início, meio e fim que conduz o ser humano ao verdadeiro sentido existencial, livre das armadilhas e de toda ilusão terrena. Deixar-se despir é o convite. Praticar a entrega e aprender a desenvolver a arte na inabalável fé, aprendendo a confiar plenamente nesse plano maior, no que é vivido e sentido dentro de toda a nova perspectiva existencial que se abre ao ser humano que aprende a enxergar o todo, viver o todo e ser o todo, esse é o caminho que conduz a Deus. Tudo faz parte de um todo e tudo está intrinsecamente ligado.

Dessa forma, acolho mais uma experiência de vida, na qual sou convidada a expandir meus recursos internos e a aprofundar meu olhar para, assim, viver novos acordes dentro de mim. Eu sentia como se um novo momento florescesse em mim, adentrando na vida com passos mais firmes e levando a certeza de que a beleza e a riqueza desse processo resplandeceria com melhores dias. Minha consciência era convidada a todo momento a absorver o novo, esse novo mundo repleto de significados e de sentido maior. Por meio dessas experiências eu estava conquistando meu corpo espiritual. Adentrando no escuro do mundo, vejo a vida refetindo raios da pura luz.

Retorne para sua vida renascida, dizia a voz do eterno em mim insistentemente:

– Deixe o novo espaço ser preenchido pela vida que deseja penetrar em ti. Controlar a vida é um autoengano, fórmula certa para o sofrimento humano, receita fatídica da ilusão humana. A vida é fluidez, movimento, tentar controlar seu fluxo é se apegar na dor. Você passou metade da sua vida controlando e organizando tudo; agora, esse tempo ficou no passado, quem dá as cartas sou eu. Entenda que, ao chegar o fim, um estado de decadência brilha, e nesse instante de transformação ressurge a luz que outrora fora ocultada. Sinta o movimento que brota naturalmente, não há por que usar de força, pois verte a fluidez que abrirá as portas ao novo. Sem mais anseios, sem temores, apenas e deixe ser o que tem de ser, na suave harmonia da vida que só deseja ganhar mais vida. A saúde é o ser integral, e para conseguires alcançar essa façanha, é preciso apenas me deixar entrar para que eu tome meu lugar. Deixe-se levar pelo encontro irremediável com experiências que aumentam os questionamentos a respeito da morte, deixe morrer para finalmente viver, conecte-se com a consciência cada vez mais ampliada de que se trata de uma renovação psicológica, o que torna o processo mais rico e positivo. As reflexões sobre a morte servem como pedra de toque para os valores verdadeiros, e essa percepção acertada deve lhe envolver para que você venha a olhar a vida na perspectiva da eternidade. A origem e o desenvolvimento da consciência estão vinculados à experiência da morte, e é por meio desse oposto entre vida e morte que iremos penetrar na consciência em via de despertar. Esse é o caminho. Você está se preparando para algo maior, grandioso, radiante.

– Minha voz emudece diante das suas verdades. Nesse momento, os argumentos são ralos demais. Seu brilho penetra em mim com demasiada força. Apenas o silêncio em mim responde o que não encontro em palavras para descrever. Apenas um ponto, um sinal a seguir, um brilho difuso de consciência, sinto que é exatamente esse o caminho a percorrer. A sombra perde espaço dentro de mim e uma nova ordem está presente agora.

– Sim, é na sombra que encontraremos nossa força e fragilidade, ela nos tem em nossa possibilidade de inteireza porque abriga toda a verdade em nós, refletindo partes que devem ser integradas ao todo. A riqueza de tal experiência é justamente o encontro irremediável com ela, e daí advém a possibilidade da sua transmutação, para que desse encontro floresça a nova consciência. Para alcançar tal façanha é preciso deixar morrer, abrir espaço para morte para só então ver a vida nascer sob outro enfoque, com novas cores, novos sabores e ao som da mais perfeita melodia. Morrer para finalmente viver, esse é o caminho que o processo aponta como o percurso a ser seguido, morre o intelecto para abrir o portal do coração; aqui viceja a nova vida.

Do meu silêncio vejo brotar apenas uma questão, a mais relevante até aquele momento conturbado em que eu vivia. Assim, indago a voz do eterno:

– Se eu me entregar completamente, sem resistir ao processo, o que viria daí?

– Percebo um pouco de lucidez e coragem. A não resistência e a entrega são os ingredientes básicos para o bom andamento do processo. A oposição só gera mais tempo de permanência no escuro do mundo.

– Quero garantias de que chegarei lá.

– Mas onde é o lá?

– Por certo deverá existir esse lugar, já que sinto a força de um movimento me levando para algum lugar. Desejo apenas saber se chegarei lá.

– Tentaremos descobrir se realmente existe esse lugar. Talvez seja o estado de brancura, na operação branca, onde ocorre a dissipação e a purificação no encontro da substância pura. Por hora vamos seguir.

– A percepção mais difícil até aqui é a de reconhecer que, após sentir o brilho do paraíso, precisamos cair em si, em um mundo material e acinzentado, é a tarefa mais árdua. Se saber ilimitado sendo limitado, esbarrando na barreira corporal, é o primeiro portal do purgatório.

– A limitação está na base do olhar. Mude o olhar e verá novas possibilidades.

Por mais difícil e absurdo que pareça este momento, confesso-lhe que o processo permite que lentamente eu leve a cabo o despojamento, o desprendimento. Contudo, é impossível não contatar toda a ambivalência do momento, sinto que isso pode ser entendido como uma benção ou como algo dilacerante, essa é minha grande verdade até aqui. Interrompo a busca apenas abrindo espaço em mim para ouvir ao longe o novo som entoado na noite escura, na qual vejo reluzir a estrela cintilante, novas melodias e novos acordes são entoados dentro do Si mesmo, banhando a vida de um lindo e solene ritual. Nesse momento há apenas o insustentável nada, nesse nada há somente a promessa do porvir, oportunizando a completa entrega, o último e derradeiro gesto a ser reverenciado. É tempo de abrir espaço, é tempo de calar a voz. A sabedoria brota desse líquido amargo e precioso que a vida oferece nesse tempo de renascer.

Preciso apenas estar consciente de que a claridade do paraíso se alterna com a mais profunda e terrível das noites, não há como ser diferente. O que posso afirmar é que quanto mais forma a nova consciência adquirir mais o inconsciente vai será empurrado para o fundo, e menos assustador se torna o vivido. O desenvolvimento espiritual é uma longa e árdua e jornada. É como se aventurar por estranhas paisagens repletas de surpresas, entre montanhas e colinas, absorvendo toda alegria e beleza, transpondo obstáculos e enfrentando perigos. Está implícito nessa jornada o despertar de potencialidades até então latentes e adormecidas. É um eterno transitar por diferentes níveis consciência e novos domínios, recebendo com isso uma drástica transmutação dos elementos normais da personalidade e um funcionamento no âmbito de uma nova dimensão interior, mais plena e mais repleta da verdade da vida.

– Entendo que você deseja me mostrar toda a verdade. Confesso que por vezes sou indulgente e apreensiva, mas olhe para minha vida, estou deitada na cama desse hospital e preciso seguir. Minha consciência por vezes se vê inundada no mar do desconhecido, e nesse lugar lhe encontro repleto de uma sabedoria universal e eterna. O que tenho de fazer nesse difícil momento é seguir minha vida. Vejo-me em uma árdua tarefa de recomeço e não sei o que mais poderá me acontecer, apenas desejo minha humanidade restituída, nada desejo além disso.

– Terá sua humanidade restituída quando você transmutar o conteúdo da sua sombra. Pedi dedicação completa durante três anos da sua vida para que eu possa revelar o que tenho a ser revelado. Somente ao final desses três anos você terá o completo entendimento do todo.

– Saber que isso terminará um dia já me traz um pouco de acalento.

– Seguiremos em marcha, logo virá o oito de dezembro novamente, completaremos um ano juntos.

– O quer dizer com isso? O que acontecerá? Por certo deseja me colocar medo.

– As dores das chagas que sente em seu corpo passarão. Viver uma experiência mística é a realização completa de Cristo no Si, percorrendo o caminho da estigmatização, para que dele ocorra a internalização de Cristo como a expressão do arquétipo do processo de individuação. Aceite essa representação, não lute contra, ele é vivo no inconsciente coletivo. Viver a crise mística é acessar esse arquétipo, toda a transformação provocada pela crise segue na direção dessas verdades absolutas e eternas reveladas por ele.

A única certeza é que eu vivia algo que estava além da minha vontade, da minha compreensão, um terreno desconhecido e inseguro. Eu sabia que nada poderia fazer além de tentar melhorar a cada momento, a cada experiência transcendida, a cada dor sentida, a cada momento vivido. A cada nova situação eu deveria sempre encontrar o sentido implícito, para, assim, ir além e poder finalmente enxergar o que estava oculto, que espera o momento certo para desnudar-se.

A voz do eterno em mim repetia insistentemente:

– É curando que você será curada. A vida lhe espera, recomece tudo imediatamente.

Deixei para trás o hospital e busquei ardentemente seguir minha rotina integrando em meu ser mais essa experiência de evolução humana. Retomei minha agenda de compromissos e estava decidida a transcender a noite escura da alma que teimava em se fazer presente, mostrando-me a todo o momento sua forma indelével. Cada vez mais eu estava consciente desse Poder Superior, que interfere e molda a nossa realidade, o Plano Divino. E, a grande verdade é que, no momento em que deixarmos de nos sentir vítimas das situações e quando não culparmos outras pessoas por questões que nos pertencem, a nossa vida mudará de perspectiva e adquiriremos mais fé e confiança. Só assim descobriremos novas configurações para as situações que atravessam nossas vidas. O mais certo é que quando nos libertamos das projeções a vida começa, pois ao lançarmos culpas fora ficamos impossibilitados de trabalhar nossos aspectos inferiores, o que resulta nas alienações, o ponto da cegueira humana. O despertar clama pela libertação, e dele ganharemos o total discernimento da vida e de seu propósito maior. A conquista de uma visão otimista e clara é aspecto fundamental para a aquisição da verdadeira liberdade humana. Eu estava cada vez mais consciente de que essa percepção não se dava somente quando tudo parece bem e tranquilo em nossas vidas, ela deve nos acompanhar também quando ocorrem experiências que são tidas como adversas. Na verdade, é delas e nelas que encontraremos a possibilidade de ir além. Portanto, na presença de tais fatos, em vez de haver revolta ou desespero, aprendi que o melhor a fazer era buscar respostas no âmago de minha serenidade, interrogar-me com as três grandes questões que possibiltam ir além do vivido para encontrar o propósito maior: o que revela o fenômeno que a mim se apresenta? Qual é o sentido maior dessa experiência em minha vida? Quem é o outro que habita em mim e que a mim deseja revelar-se?

A resposta a essas questões traria a claridade que a vida estava me impondo, promovendo sempre e cada vez mais o desenvolvimento exigido pelo processo. A vida apresenta seu roteiro, as situações que atraimos para nós carregam as sementes da transformação. Aprofundar o olhar, sair da superficialidade e ir ao encontro das verdades ocultas é nossa tarefa essencial como vivente, como aprendizes da vida, para que ali adiante possamos finalmente encontrar a dádiva escondida. Devemos vivenciar de forma abrangente e de coração aberto todas as situações que parecem nos remeter ao caos, pois nelas e por elas iremos contatar o que de mais belo a vida tem a nos revelar. É preciso apenas seguir, é preciso andar, pois o pergrino da vida sabe que a semente do amanhã desabrochará em perfume, beleza, cor e encanto, basta apenas acreditar.

Gestação inconsciente...
motivações gerando novas configurações de uma essência sendo parida
ofuscada pela luz que encanta sua visão

na justa medida que queima seu corpo com o mais sagrado em si
encobre seu pranto de incertezas,
mergulha seu canto nas profundezas
sonoros novos ecos
destituído de tudo que um dia pensou Ser
agora novas formas pincelam cores jamais intuídas...
perplexo com o novo, atônito em si, certo do parir,
abre seus olhos a contemplar a vida que rodeia o presente
que se faz presente em si...
novas formas, novas possibilidades,
a vida ainda a ser vivida,
a vida penetrando, inebriando...
a vida exigindo presença...
força e candura
paz e ternura
luz e sombra
sucumbindo tudo o que Fui
instigando o que ainda não Sou
promovendo tudo que ainda Serei

Capítulo VI

Alquimia: química perfeita entre consciente e inconsciente

Sem a vivência dos opostos não há experiência da totalidade, portanto também não há acesso interior às formas sagradas.
Carl Gustav Jung

Neste ponto da jornada é necessário trilhar a ponte que conduz e reflete o ser humano na sua inteireza. É preciso entender o processo de individuação estudado por Jung, o qual, resumidamente, pode ser compreendido como o movimento que gera a integração dos conteúdos inconscientes e conscientes. Podemos afirmar que individuar-se significa tornar-se quem você verdadeiramente é, ou seja, realizar-se completamente. Tal tarefa pertence única e exclusivamente a cada um de nós, é um caminho solitário que leva a lugares desconhecidos, misteriosos e profundos, este é, com toda certeza, o único caminho viável de Ser por inteiro.

Neste laborioso e prolongado processo, salienta Jung, o Ser precisa assimilar e ter como meta alcançar o equilíbrio da sua personalidade com a estrutura coletiva de sua cultura, indo no rumo que irá conquistar a integração harmônica de seus valores espirituais. É evidente e esperado que nessa caminhada iremos também nos confrontar com a oposição do ego individual, contudo, há a clareza que essa batalha deve ser travada até alcançarmos a condição de luz, desvencilhando-se das verdades relativas apresentadas pelo ego, que irá travar uma luta para manter a ordem, na busca por manter seu lugar seguro e confortável. De outra forma, no rumo inverso, o processo de individuar-se está diretamente relacionado a uma nova ordem que resplandece para muito além desse lugar seguro e confortável. É possível contatar, então, um forte movimento natural do processo evolutivo, que permitirá que abandonemos a zona de conforto e transitemos em meio ao incerto para só então encontrar o rumo certo.

A partir do que estudou Jung em sua própria jornada, podemos fazer uma analogia desse processo com a alquimia. De acordo com essa visão, o inconsciente é assimilado como um processo, e o constante e pertinente diálogo do ego com os conteúdos inconscientes possibilita um desenvolvimento, ou ainda, uma completa metamorfose dentro da psique. Nessa perspectiva, o correto a destacar é que o caminho que conduz e promove essa comunicação se faz presente por meio dos sonhos e da imaginação ativa. Certamente, a analogia do processo de individuação com a alquimia possibilita uma melhor e mais abrangente compreensão a respeito do que vem a ser a individuação. Conforme Jung, a síntese desses opostos no Si-mesmo é a meta a ser alcançada no processo de individuação. A partir dessa ideia podemos evidenciar que a realização do Si mesmo é uma construção constante que tem como meta e propósito a conquista do equilíbrio entre a batalha dos opostos. O resultado dessa batalha brota na consciência como a representação clara da unidade. Ao alcançarmos esse estado teremos a grande chance de as polaridades serem completamente superadas; desabrocha, então, a personalidade em sua totalidade. Alcançando esse completo desenvolvimento, veremos germinar a plena comunicação com o *self*. Portanto, seguindo essa linha de pensamento, constata-se que é viável, possível e aceita a analogia dessa simbologia com a Alquimia de *Opus Philosophorum*, a qual também tem como objetivo a integração dessa parte inconsciente da psique, para só então brilhar a nova consciência

Ao falarmos em processo de individuação, estamos também falando em transmutação dos aspectos sombrios da personalidade. Nesse implacável confronto com a sombra, devemos transitar e mergulhar em toda sua vasta diversidade e forma, que se apresentam como toda a escuridão humana, como fraqueza, medos e receios. Contatá-la é ir ao encontro do mais profundo em nós, e nela ver surgir o novo, transcendendo completamente para só então ver desabrochar do Ser essencial. A sombra nos contém na possibilidade da inteireza, na sua imensa fragilidade e grandiosidade. Fica evidenciado, assim, que o trabalho de tais aspectos alcança a maior relevância para o desenvolvimento humano. Somente ao atingirmos o nível da transcendência desses opostos conquistaremos a possibilidade de um desenvolvimento mais abrangente de todas as potencialidades inerentes à personalidade. É devido a esse reconhecimento e a essa percepção que afirmamos que o ponto almejado é a conclusão da síntese dos opostos. Como ocorre no processo da alquimia, devemos ter a clareza de que tempo, paciência e dedicação são as ferramentas básicas para o domínio desse estado, alcançando, assim, um novo olhar que visa à completa integração do Ser.

Os alquimistas tentavam produzir em laboratório a pedra filosofal, ou o mercúrio dos filósofos, entre muitos outros nomes, a partir de matéria-prima mais grosseira. Com essa pedra seria possível obter a transmutação dos metais e o Elixir da Longa Vida, que seria capaz de prolongar a vida indefinidamente. O trabalho relacionado com a pedra filosofal era chamado por eles de *A Grande Obra*. Podemos inferir que o trabalho em laboratório dos alquimistas medievais com os "metais" era, na verdade, uma metáfora para a verdadeira natureza espiritual da alquimia. Assim, a transformação dos metais em ouro está relacionada a uma profunda transformação de si próprio, ao seguir o caminho da transmutação de um estado inferior para um superior. Esse seria o ouro encontrado por quem se aventura em tal processo.

Carl Jung analisou a simbologia alquímica na tentativa de mostrar o que está implícito nesses símbolos e apontou-os como um importante caminho espiritual. Em seu entendimento, a alquimia representava uma trilha ao aperfeiçoamento humano; ele via nela um caminho que religa o ser humano a sua parte espiritual, ao seu Eu superior.

A meta do processo alquímico exige uma aliança com o sagrado. Nesse matrimônio, teremos um compromisso com o supremo, e, seguindo essa caminhada é possível destacar que deve haver um propósito maior que envolve muito investimento. Não se alcança tal ponto sem que haja renúncias e sacrifícios, e devido a isso é necessário ter a clareza do que se trata e do que está acontecendo, desenvolvendo a paciência para finalmente chegar ao tempo do despertar. Durante o percurso, o Ego vai se libertando completamente e o Ser humano vai contatando uma consciência cada vez mais expandida, alcançando um nível Transpessoal, rumo à conquista do sagrado no Si mesmo.

É preciso levar em conta que a Opus alquímica é compreendida como um processo desencadeado pela natureza. Para vislumbrar sua completa realização a alma precisa ter o discernimento sobre o que está experenciando, pois dela será exigido empenho e dedicação para a apreensão e a melhor compreensão do processo em si. Como já citado, o objetivo é criar a pedra filosofal; alcançar essa meta é ter a certeza de que o caminho não será de flores e, sim, um garimpar ouro no caos. É preciso mergulhar profundamente em uma série de operações até finalmente adentrar no nível mais profundo de transformação humana.

Nesse novo estágio, nesse novo Ser que desabrocha, veremos surgir um ser humano que conquista a possibilidade de apreender a unidade do Universo. Nele sente-se a presença do Criador, com uma postura que leva em conta a mais sagrada forma do viver, trilhando passo a passo o caminho sublime para ir conquistando, aos poucos, a sensação de libertação dos aspectos sombrios da personalidade, transcendendo apegos, tristezas, mágoas, ressentimentos e sofrimento. Adquirir esse novo jeito de Ser aumentará os questionamentos existenciais, e esse novo olhar entrará em sintonia com a vida de verdade, entendendo o propósito primeiro. Chega o fim do medo da morte, compreende-se o mais relevante na vida, em uma completa abertura e aceitação, reconhecendo que o Amor é a regra e a base do Universo. Tudo isso são características a serem conquistadas durante o longo processo de individuação, eis o caminho a ser alcançado pelos humanos em seu longo processo evolutivo.

Em nossa jornada como ser humano, deve ser nosso compromisso central enxergar em meio à dor e ao sofrimento que interpelam nossa caminhada e adquirir um olhar mais abrangente e totalitário a respeito das experiências de vida que revestem a trajetória humana, encontrando nelas o meio que irá propiciar o encontro genuíno com nosso Ser essencial. Nesse sentido, vamos encontrar o caminho que conduzirá à transcendência dos obstáculos, indo para além do suportar o sofrimento para transformá-lo em oportunidade de aprofundar a consciência. É a partir dessa perspectiva de compreensão da vida que precisamos desenvolver em nós a arte do desapego, tendo a consciência de que esse é um portal que deve ser atingido e assimilado completamente. Dessa forma, atingiremos a visão da não dualidade com o inevitável. É no contato profundo com o Ser essencial que vamos desenvolver a capacidade de enfrentamento das mortes. Desse enfrentamento vamos ver surgir a possibilidade de ressurreição que conduzirá à percepção do Aberto, ou da quintessência, em pleno contato e presença dentro do Si mesmo.

Capítulo VII
Contatando novas paisagens dentro do Si mesmo

Todas as aspirações do ser humano, seu futuro, suas conquistas a serem realizadas, o seu céu, encontram-se esculpidos no superconsciente, mesmo que adormecidas, em estado de inconsciência.

Joana de Ângelis

Como você está se sentindo estando novamente aqui, Clezelda? Indaga o médico que acompanhava meu caso.

– Estou bem, dessa vez fui eu quem pedi ao meu terapeuta para vir para cá. Eu precisava me afastar de todos, precisava ficar só. Preciso de um tempo para assimilar tudo que vivi, foi muito intenso e transformador. Penso que o afastamento de todos me possibilitará maior compreensão do que vivo hoje.

– E o que aconteceu dessa vez?

– Mais uma vez, não encontro palavras para explicar. É maior do que tudo que já vivi, mais uma experiência de expansão de consciência. A única coisa que posso dizer é que isso tudo é maior do que eu.

– Aonde isso tudo está lhe levando afinal?

– Por certo a algum lugar mais tranquilo e sereno, apenas ainda não cheguei a esse lugar, estou no caminho.

– Gostaria de entender o que acontece contigo.

– Estou certa de que você não irá entender.

– Mesmo assim, tente me explicar. O que aconteceu agora?

– Bom, vou tentar. Falarei exatamente o que aconteceu, mas já sei que a incompreensão será completa. Eu estava em meu sítio quando comecei a sentir uma forte pressão em minha cabeça e uma sensação de tontura. Eu sabia que ninguém poderia me ajudar naquela hora, era um momento exclusivamente meu, era no amâgo da minha solidão que eu precisava adentrar. Então, busquei no silêncio mais profundo de mim mesma dar cabo àquela experiência que se realizava em mim. Saí pelo campo a caminhar, e cada vez sentia aquela sensação aumentar em mim, como se eu estivesse indo ao encontro de uma claridade inebriante. Procurei um lugar tranquilo, uma gruta que há por lá, e fiquei lá por um tempo indeterminado, permitindo que aquela experiência se realizasse em mim. A sensação mais clara é a de que minha consciência transitava pelo infinito, em tamanha velocidade que me conduziu a quatro encarnações passadas. Vi quem eu era em todas essas vidas e, depois dessas revelações, vivi meu nascimento nessa vida e percorri todas as fases da minha atual existência até chegar no meu atual momento. Era tanta luz que eu sentia meus olhos arder. Tudo fez sentido, tudo ganhou luz, não havia mais escuridão, não havia mais nada solto, tudo foi preenchido da mais clara luz. Esse momento só pode ser comparado a um nascimento, ou renascimento. Reconheço que vivi a mais bela experiência humana, algo que jamais imaginei ser possível. Banhada por toda essa luminosidade tento seguir, integrando tudo a minha nova consciência que despertou naquele momento. Isso, porém, exige ficar a só, permitir a ação do tempo em nós para que assim a elaboração completa aconteça no momento presente. Enxergar tanto tem um preço: essa revelação completa dificulta um pouco a noção do tempo aqui, pois é completamente atemporal. Preciso apenas de um tempo para dar continuidade a minha vida e integrar todo esse conteúdo que veio à tona na consciência.

– Você está se queimando completamente, sua realidade é essa aqui.

– É essa aqui, também, mas há outras realidades, mais luminosas e grandiosas. Se isso for considerado loucura, só digo uma coisa: santa loucura! Será que fui compreendida?

– Clezelda, você sabe exatamente o que penso a esse respeito.

– Sim, eu sei. Não tinha pretensão de ser entendida mesmo. O que posso dizer sobre essa experiência é que acessei outros níveis de consciência, para muito além da vigília, outras dimensões. Só posso pensar nisso como algo positivo, que serei capaz de integrar em minha vida. É a chance de me conhecer por inteiro, de subir degraus na minha escada evolutiva. Apenas preciso de tempo para colocar tudo isso em ordem e integrar tudo que vejo posivamente em mim, apenas isso.

– Aonde você pensa em chegar com tudo isso?

– Não sei ao certo, ainda é cedo para saber. Só posso afirmar que isso tudo está servindo para meu autoconhecimento, para minha evolução aqui na Terra. Do contrário, não seria me revelado tanto. Se você considera isso doença mental, só posso lamentar e dizer que há muito mais em nós para ser descoberto, há níveis ainda adormecidos e pouco conhecidos do nosso próprio eu. Estou sendo convidada a ir além, a desvelar alguns mistérios da vida, só posso me sentir feliz por isso.

– E com isso sua vida é completamente abalada. Vejo tudo isso com certo receio. Você deve refletir mais sobre o que está acontecendo em sua vida, deve avaliar com a seriedade que o momento exige.

– Avalio com seriedade, mas também vejo toda a beleza dessas experiências em mim. Não há como ser diferente, enxergo as oportunidades do momento.

– Espero, sinceramente, que você consiga superar mais esse momento.

– Sim, eu conseguirei, sinto muito força e apoio espiritual em tudo que vivo. Não estou só, não me sinto só, tenho acompanhamento espiritual em tudo que vivo, sei que sou orientada por eles. Minha vida segue esse propósito maior, e a mim resta absorver isso tudo e tratar de me tornar uma pessoa melhor a cada experiência vivida. É preciso que seja assim, não há outro caminho. Tal realidade se abriu completamente para mim, preciso aprender a viver entre dois mundos, estou consciente disso. Apenas o tempo me dará a garantia de que preciso para integrar em mim essa nova visão, essa nova realidade que me é mostrada a todo instante.

– Falando sobre a sua realidade aqui dentro, estivemos pensando e chegamos a uma conclusão. Há mais uma regra que você deve respeitar, é para o seu bem.

– Qual regra?

– Evite uma maior aproximação com os demais pacientes.

– Por acaso estou com alguma doença contagiosa?

– Você sabe que não se trata disso.

– E se trata do quê, então?

– Deve saber porque estou falando isso, apenas siga a regra.

– A única coisa que sei é que eles me procuram o tempo todo, desejam uma palavra, qualquer coisa que alivie suas dores, apenas isso. Sinto um profundo amor por eles e o sabem reconhecem, não é nada além disso.

– Será melhor para ti. Aqui dentro você é paciente, e não psicóloga. Daqui para frente uma cadeira deverá estar entre tu e qualquer um dos pacientes, homens ou mulheres. Essa é a regra para você agora.

– Meu Deus, isso parece piada, não faz sentido.

– Apenas obedeça, sem questionar, você conhece bem as regras do local.

Ainda sem entender muito e vendo que nenhuma palavra iria mudar a situação, apenas concordo:

– Está bem, mas é impossível não rir dessa situação. É o que chamo de graça no absurdo.

– Chame do que quiser, mas obedeça.

– Também estou proibida de sair para o banho de sol e de falar com qualquer pessoa fora daqui, é isso?

– Exato.

– Isso é cuidar da saúde mental? Será que não há uma forma mais humana de cuidar? São tantos os questionamentos a esse respeito, minha cabeça não para de tentar achar respostas para tudo que vejo aqui. Estou sendo lançada em uma fogueira por viver meu drama espiritual, não há outra explicação, estou na fogueira humana. Já não é fácil aprender a enxergar tudo que vejo, e ter de lidar com a dura realidade que vocês apresentam aqui torna tudo ainda mais complexo. Todo bom terapeuta sabe que o paciente só vai até onde o terapeuta vai, se o terapeuta vai apenas até a sombra, é lá que o paciente fica. O que posso afirmar é que há mais coisas aí, há a luz, não é possível lidar com apreensão frente ao inconsciente. Ele é vivo, ele fala, ele conta a própria história, ele precisa ser integrado completamente. Não é com medicação e regras que isso acontecerá, é com acolhimento, entendimento, compreensão; parece que está tudo errado aqui dentro.

– Não estou aqui para lidar com questões filosóficas contigo, essa é a sua forma de ver. A única coisa que lhe peço é que aceite que é assim, e tudo ficará mais fácil para ti, apenas aceite.

– Aceitar o absurdo não é das tarefas mais fáceis, precisa concordar comigo.

– Aceite o seu momento. Se você está aqui novamente é porque precisa estar, e aqui as regras são bem claras.

Retorno para meu quarto e tento encontrar minhas respostas em meio a mais uma desconcertante experiência. Não demorou para eu ouvir a voz do eterno:

– Você está bem?

– Como acha que me sinto estando aqui novamente?

– Foi preciso, bem sabe que foi preciso. Precisa apenas de tempo para assimilar o todo em ti.

– Inebria-me com sua luz, mostra-me a mais bela experiência que um ser humano pode viver e novamente me prende em suas amarras, lançando-me aqui em uma clínica psiquiátrica, no mesmo local, no mesmo quarto, na mesma cama de Procusto. Após um ano desse intempestuoso encontro, estou novamente na mesma situação. Como pode ser tão insensível, repleto de ambivalências, me fazendo viver entre o céu e o inferno? Você pediu que eu confiasse em ti, entreguei-me ao processo, e veja o que faz comigo, não se sensibiliza? Afirma que vem do infinito, do eterno; como pode ser tão repleto de contradições?

– Não disse que seria fácil, apenas pedi para que confiasse.

– Confiar? Você tem todo o encanto do mundo e ao mesmo tempo revela-me o negro da vida, mostra-me o que de melhor e de pior existe, vivo na completa alternância entre luz e sombra.

– Falei que você sentiria dor, não há como subir a grandes alturas sem também conhecer o profundeza do inferno. Há um ditado alquímico que diz: "sublima o corpo e coagula o espírito", ou seja, é necessário subir até alturas infinitas e retornar de lá encoberto de toda a beautitude. Dessa alternância você irá expandir a condição humana, e desse movimento, entre subidas e descidas, chegará o momento de o ego abrir definitivamente o caminho ao *self*, só então alcançaremos a sua completa manifestação. Para o encontro das verdades é preciso despir-se das ilusões. O que vives agora é o que chamamos em alquimia da operação *sublimatio*. Essencialmente podemos dizer que essa operação revela-se pela elevação, na qual uma substância inferior se transmuta em uma forma superior, sempre se apresentando em movimentos ascendentes. É a grande oportunidade da quebra de todas as ilusões construídas ao longo da vida, é hora de clarear a visão e de incorporar um novo olhar, belo, simples, profundo e transcendental.

– E para despir-me das ilusões preciso parar em uma clínica psiquiátrica. Aqui vão me dopar, anestesiar completamente minhas emoções. Não desejo isso, por pior que seja, ainda assim, prefiro lhe enfrentar a viver anestesiada.

– É passageiro, isso aqui também passará. A matéria sofre até o nigredo desaparecer completamente para dar lugar ao albedo, onde as substâncias são purificadas.

– Sinto em minha boca o sabor mais amargo que já senti. Sinto em meu corpo as chamas ardentes desse encontro queimando tudo em um fogo torturante. O fogo define o que és em mim, deseja queimar tudo e transformar tudo em pó.

– E desse pó verá surgir a vida nova. Você precisava voltar aqui para seguir seu processo evolutivo.

– Fui embriagada de toda luz, me sinto completamente banhada nesse universo sem fim; viajando pelo infinito vejo verter novos horizontes. Estou cambaleando tal qual um bêbado, é desconcerte enxegar tanto. É brutal sua força em mim, feito avalanche desconstrói tudo, absolutamente tudo.

– Você precisa abarcar o infinito em ti, precisa deixar que eu aponte o caminho, precisas viver a beatitude desse raro momento, toda a benevolência do céu cai sobre ti.

– A única coisa que vejo caíndo sobre mim é meu próprio mundo. Por um lado sinto a dádiva, por outro, o amargo sabor da descontrução da minha vida terrena, que reveste esse encontro de todo o bem e o todo o mal. És força bruta que assola meu viver tal qual a tempestade, e isso é brutal, descomunal. Viver ao seu lado é amargar a vida no seu mais intenso sabor. Afinal, o que é isso que vivo agora?

– Os véus vão sendo tirados para que possa se conhecer por inteiro. Aprenda a viver com a luz, integre tudo isso que enxergas agora em sua vida.

– Conexões, transformando tudo na mais clara luz. Estou transbordado do mais puro amor e da mais inquietante paz, mas estar aqui novamente torna tudo repleto de dor. Veja o que vivo agora, veja tudo que aqui dentro é revelado, dores as mais diversas nesse depósito de incompreensão humana.

– Você está diferente e será uma nova experiência estando no mesmo lugar. No âmago de todas essas experiências você tem a possibilidade de encontrar a mais nobre verdade.

– Mostra-me caminhos predregosos, cheios de espinhos, essa é sua verdade em mim, espinhos que machucam e fazem sangrar minha alma. Agora vem até mim e reflete a grande verdade com o seu dilacerante humor, por certo deseja me ver sorrindo por sobre toda essa dor. Mostra-me o quanto julgava sério o meu viver sendo escrava de minhas tolas verdades, elas desabaram sobre mim. Desconstruiu tudo que um dia eu quis para mim, deseja agora arrancar sorriso em meio a todo esse vendaval?

– Sorrir torna tudo mais belo e sereno. Você deve sorrir, deve ser grata por estar vivendo tudo isso, pois é a mais bela experiência humana.

– É sorriso que espera de mim enquanto desvela minha alma em seus jogos, dessa vez contato sua graça em todos os sentidos dessa palavra. Você zomba da minha ignorância humana, das minhas limitações e imperfeições, humor é o que mostras. Só posso pensar que tão longe me leva para muito rir de mim, tudo parece uma grande piada.

– Então, aprenda a ver tudo de forma bem-humorada. O humor é sempre o melhor remédio, inunde-se dele e aprenda a viver comigo. Ache a graça das piadas, a leveza do Ser brota do mais puro sorriso.

– Você pede humor nessa dança de encontros e desencontros, mas a maior verdade até aqui é que afoga minha lógica e emudece completamente minha razão. Só me resta constatar que passei um ano vivendo as mais variadas experiências, muitas dilacerantes, até mesmo fatais. Abri espaço para acolher-me dentro de mim para então chegar no dia oito de dezembro, após um ano desse intempestuoso encontro, em que finalmente consigo integrar todo o processo, para você empurrar bruscamente minha consciência para acordar do sono terreno. Sim, finalmente acordei, despertei, enxerguei tudo que a mim é revelado. Enxergar tanto queima minha visão, quanta força, quanta devastação, quanta candura, quanta luz, quanta ambivalência traduz seu existir em mim; melhor seria enxergar um pouco menos.

– Deveria sentir a maior gratidão e a maior felicidade por tudo que a ti revelo.

– Gratidão? Felicidade? Vejo que pouco ou nada sabe sobre felicidade, pois estou aqui novamente vivendo essa experiência dilacerante.

– Eu estou feliz e realizado pelo nosso encontro, esperei muito por isso. Na alquimia é preciso um longo processo de maturação e depuração, o fogo queima tudo que é impuro e desprezivel até chegarmos lá. Essas experiências vão lapidar a pedra.

– Meu Deus, o que restará de mim ao final desses três anos?

– Restará apenas o essencial.

– Sua súbita aparição em mim fez eu aprender a ler sua história, decodifico suas mensagens. Há momentos em que palavras não os representam, são escassas e ralas demais para tal. Agora, após esse ano, ao término de toda a elaboração de conteúdos que emergem em minha consciência, nessa tão simbólica jornada, o que de mais exato posso externar é a inusitada sensação de ser como uma macaca que abandonou a jaula depois de muito tempo, ou a vida inteira, em cativeiro e finalmente ganhou sua liberdade. Nessa simbologia e percepção mais apurada após viver a intensidade e a beleza desse momento, no qual tudo é cheio de graça e sagrado no outro lado do muro, há o reconhecimento do ser macaco conquistando sua liberdade, finalmente libertando-se das grades que aprisionam olhares, que aprisionam mentes, que aprisionam almas; a sensação de libertação é muito forte.

– E isso não seria a maior felicidade humana? Você fala em liberdade plena, em deixar para trás a prisão, em adquirir o olhar para a invisibilidade. Você viveu o instante mágico da consciência, o despertar da consciência, e essa é maior felicidade humana que pode existir. A gratidão deve agora transcender a indignação por você estar aqui, estar aqui é necessário para o seu processo, é apenas uma condição passageira.

– Estou sendo queimada por muita luz, por vezes é só nisso que penso. Minha consciência precisa abarcar essa luz em mim, pois transitar no infinito não é das tarefas mais fáceis, compreenda minhas limitações.

– Você precisa compreender o seu processo, lhe explicarei agora a simbologia do macaco para a Alquimia. Simbolicamente, o macaco representa a Ciência Superior, a Lógica Superior, que possibilita "medir o mundo", medir a Grande Obra, como costumam afirmar os alquimistas. Com essa simbologia teremos a compreensão exata do quanto de tempo ainda será necessário para se realizar o Trabalho Alquímico. Sua manifestação pode ser compreendida como um ponto que liga inconsciente e consciência, ponto crucial para ir adiante, para avançar no processo rumo ao corpo espiritual. O macaco surge para a alquimia como a representação da essência, da substância transformadora. Ele engendra o grande paradoxo, pois pode ser considerado como algo sem valor, infinitamente pequeno. Contudo, ele também pode ser compreendido como valioso, grandioso, chegando ao sagrado, o grandioso momento, o momento luminoso da transformação que irá caminhar na jornada da profundidade até conquistar grandes alturas, transitando desde o nível animal, infantil e arcaico, até o ponto de chegar ao humano místico. Ter a compreensão exata do que vive nesse momento limpa o caminho e dá sustentação ao vivido. Bem–vinda, você abandonou a caverna da escuridão humana. Essa é a melhor representão da frase: "A alma dorme na pedra, sonha no vegetal, agita-se no animal e acorda no homem".

– A sensação mais apurada é a de ter acordado de um longo sonho, mas, como em um vício torturante, ainda me pego tentando entender racionalmente tudo que acontece. As conexões e sincronicidades são constantes, parecem não ter fim.

– Apenas sinta, já está na hora da mente racional abrir espaço para o mistério da vida. O momento que vive agora é o instante brilhante, no qual finalmente você rompe com a parede, atravessa e vislumbra toda cor. Viver a experiência humana é viver em uma grande rede de conexões, pois todos estamos ligados em plena comunicação e relação, é isso é o que agora você pode enxergar com mais clareza. O Espírito expressa o pensamento em um campo de infinitas possibilidades, manifestando-se por meio da mente humana. Ele revela suas ideias e entra em profunda comunicação com os demais seres, desenrolando-se, assim, a vida em profundas interconexões, todos ligados a uma grande rede, a teia da vida. Agora irei lhe explicar algo fundamental, um olhar sobre a representação do ser amacacado. Há uma analogia muito famosa que usa essa simbologia para buscar a maior compreensão do Deus que habita o Si memso e do Deus que é afastado desse espaço interior. O ser amacacado seria a representação exata da imagem de um Deus que é lançado no exterior, projetado para longe do Si mesmo. Seguindo essa linha de pensamento, desenvolveremos a grande esperança de aguardar o dia que ele venha até nós, preenchendo essa incompletude, se fazendo completamente presente nesse espaço. Só assim iremos assimilar e reconhecer seu poder, sua força, sua grandeza, sua beleza, seu amor, seu humor, exatamente como agora acontece contigo. Você finalmente está adquirindo a compreensão de que ele é mais forte que tudo. Quando o ego virar pó teremos em nós a completa penetração de Deus no Si mesmo. Ao caminharmos nessa realidade e ficarmos de frente a ela, chega a hora de assimilar que tocamos o absoluto, e aí desabrocha a vida com Deus. Quando finalmente alcançamos esse ponto, as fronteiras se desfazem dando lugar a um só local, tanto fora quanto dentro de nós se preenche por Deus. Morre, assim, o ser amacacado e renasce o humano em sua plenitude. É esse o ponto que almejamos, é para lá que vamos.

– Viver na mais profunda completude de Deus dentro do si mesmo... Penso que estou compreendendo o caminho, mas não há como deixar de reconhecer que também estou vivendo minha dilaceração terrena, e agora preciso lidar com a minha verdade humana. Acabei com mais um Natal da minha família, eles jamais me entenderão. Justamente na noite de Natal tenho mais uma alteração de consciência. Começo a enxergar tudo, vivo uma representação de sabatina espiritual, na qual sou testada em todos os meus apegos na Terra. Ser revelada a tanta luz consome minha vida terrena, estou completamente entregue a essa luz inebriante e também dilacerante. Sei que minha escolha foi a de ir até o final. Na profundidade de tudo que vejo dispo-me completamente de tudo que era. Sei que viver tamanha intensidade é minha escolha existencial, sou plenamente consciente de que o todo que me é revelado o é porque aceitei o todo em mim.

– O momento é o de abandonar a jaula, ou ainda a caverna escura. Do lado de cá tudo se faz luz, tudo é luz. Por enquanto, você ainda está em uma clínica psiquiátrica e precisa seguir sua vida, contatar essa realidade que também é sua nesse momento. Levante-se dessa cama, da cama de Procusto, e vá para seu jantar. Hoje é véspera de Ano Novo, comemore fazendo sua ceia junto aos demais pacientes do local.

– Não irei, entrarei o Ano Novo deitada na cama de Procusto, já começo a me acostumar com ela. Nada me tira daqui, estou me ajustando ao seu tamanho, viver tudo isso é complexo demais. Enxergar tanto provoca dores também, é inevitável. No momento chego a sentir saudade da sombra da caverna, estar aqui dentro novamente é muito duro. Só desejo permanecer na cama que abriga meu corpo nesse momento, é tudo que preciso.

– O que deseja com isso? Dizer que a adaptação a ela revela seus anseios, explica sua jornada cósmica, seria isso?

– Apenas digo que estou cansada, que minha humanidade está sendo dilacerada, e isso leva a uma exaustão. Tenho o direito de estar triste por estar novamente aqui, e justamente na noite da virada do ano. Sou um ser humano, afinal, e tenho minhas dores humanas.

– Encobre suas verdades humanas por sobre sua pretensa tristeza, você é igual a todos que estão aqui vivendo também suas tramas existenciais. Não seja arrogante. Vá até o refeitório e com toda a humildade aceite a ceia que estão lhe oferecendo nesse local. Você queria sua humanidade, então, exercite-a aqui dentro, não camufle seus verdadeiros sentimentos, enfrente-os. É para isso que está aqui, para o enfrentamento da sua humanidade, para exercer a sua humildade.

– Conviver ao seu lado faz minhas imperfeições gritarem de dor. Não desejo ceia, é a primeira vez que passo uma virada de ano longe da minha família. Nem mesmo sei como eles estão, o que estão pensando ou sentindo em relação a isso tudo.

– Vá até o refeitório, é só isso que lhe digo, levante-se dessa cama e vá.

Por fim, cedo aos apelos daquela voz ressoante dentro de mim. Sento-me à mesa e resolvo que, independente do local onde estamos, podemos sempre fazer dele o melhor local a se viver. Movida por esse sentimento e vontade, deixando para trás minhas preocupações com a vida fora daquela instituição, aos poucos fui sendo invadida por uma agradável sensação. Resolvo, então, fazer daquela refeição a mais bonita possível. Retiro o alimento da marmita e o transfiro para um prato, caprichando na decoração, e torno-o o mais atrativo dos alimentos. Envolvo-me completamente naquela tarefa e permaneço um tempo distraída. Tamanha é a minha surpresa ao olhar para os lados e perceber que os demais pacientes estavam fazendo o mesmo, cada um decorando seu prato e tornando-o o mais apetitoso de todos. Trocávamos o alimento conforme a preferência de cada um, para que assim o prato refletisse o melhor sabor para todos. Meus olhos se enchem de lágrimas e sou invadida por um profundo sentimento de amor e de compaixão. Eu olhava dentro dos olhos de cada paciente em profundo agradecimento por eles, por meio de um pequeno gesto, terem me revelado tanto. Sou inebriada por uma sensação de graça e, assim, tenho a mais saborosa ceia de final de ano.

Retornei para o quarto completamente embevecida, agradecendo pela oportunidade de estar vivendo experiências que, se por um lado me dilaceravam, por outro me humanizavam.

– Estava boa a sua ceia? – indaga a voz do eterno.

– Agradeço por me mostrar o melhor caminho sempre, reconheço que estava sedenta pelo papel de vítima. Bem sei que é tolice, mas às vezes insisto nele, apesar de saber que dessa forma só perdemos. Sair vitoriosa disso é enfrentar tudo de peito aberto, sou completamente consciente dessa verdade. Perdoe minha inferioridade, minha fraqueza, mas em alguns momentos é muito difícil enfrentar a realidade da forma que ela a nós se apresenta. Contudo, sei que não há outro caminho, devo apenas enfrentar minha realidade humana e espiritual, daí deverá surgir algo novo, não há dúvida. Coloco-me em completa submissão a essa verdade; a coisa mais certa nesse momento é que minha realidade clama por integração e melhor compreensão.

– Você compreenderá melhor o todo vivendo suas experiências humanas. Agora está na hora do alimento para alma. Sua ideia de trazer música aqui para dentro trouxe um pouco de vida e alegria para esse lugar.

– Jamais pensei que eles deixariam, as regras são rígidas aqui.

– Vamos à música, desejo mostrar algo.

– Mostrar-me algo? Por favor, suplico-lhe, preciso apenas da minha paz, para aonde mais poderá me levar? Já estou em uma clínica psiquiátrica, preciso apenas da minha tão sonhada paz.

– Apenas quero que vá escutar música com os demais pacientes, simples. Hoje é dia de festa, de alegria, de comemoração, deixe essa cama.

Assim, resolvi atender aos apelos da voz do eterno novamente. Junto o grupo para buscar um pouco de alegria e tranquilidade naquela data festiva e ficamos por um longo tempo assistindo DVD, embalados ao som de Pink Floyd. Ouvíamos ao longe a movimentação da cidade em festa na expectativa de mais um ano, estávamos separados da vida normal vivendo nossas tramas existenciais. Tudo estava transcorrendo tranquilamente naquela noite de *réveillon* até o momento em que um rapaz, que há pouco havia entrado na instituição, teve uma alteração de consciência. Ele chegou para mim e disse:

– Vamos sair daqui, você tem poderes especiais, vamos atravessar as paredes.

– Não, isso não será possível, não disponho de nenhum poder.

– Tenho certeza de que você poderá me levar daqui, venha comigo, vamos. – Ao dizer isso, ele segura minha mão em direção à parede que limitava o fora e dentro – Venha!

– Por favor, escute o que tenho para dizer, olhe bem para mim. Eu estou afirmando que isso é impossível. Há uma parede de concreto nos separando do mundo lá fora e nós não conseguiremos sair daqui, é completamente impossível, acredite em mim.

– Estamos vivendo uma obra de Deus e eu sei que você tem poderes especiais.

– Vamos fazer o seguinte, vá para o seu quarto e tente descansar, não há nada que possamos fazer, precisamos permanecer aqui. Será apenas por um tempo, logo você estará lá fora vivendo sua vida normalmente. Aqui é apenas uma passagem, aceite isso, precisamos ficar aqui.

– Você não está entendendo, é uma obra de Deus o que estamos vivendo.

– Sim, concordo contigo, a vida é uma grande obra de Deus, mas nós temos limites e nesse momento vivemos nossa limitação humana.

– Pare, não diga nada, apenas me dê sua mão e vamos passar pela janela. Eu preciso sair daqui, nós podemos, acredita em mim, você pode fazer isso por mim e por ti.

– Sinto decepcioná-lo, mas não, precisamos permanecer exatamente aqui. Acalme-se. Venha, vamos escutar uma música, de qual você gosta? Olhe para todos aqui, estão nos esperando, tente ficar calmo.

– Não!

Ao dizer isso ele se afasta da sala e ficamos todos em estado de choque pelo que estava acontecendo. Olhávamo-nos em busca de uma explicação, e a única resposta a essa desconcertante situação era a de que não estávamos entendendo nada, nem sabíamos ao certo como havia começado tal episódio. Eu estava aturdida e torcendo para que ele ficasse calmo antes que um mal maior lhe acontecesse. Tentei dissuadi-lo da ideia, dizendo que eu não teria nenhum tipo de poder para isso, mas nada fazia diminuir o impacto da situação. Ele estava certo de suas verdades. Ao chegar o momento de ele ir para seu quarto, surpreendentemente e de forma inexplicável, dotado de força descomunal, ele arranca a grade de proteção da janela. Vou até lá e olho espantada para aquela grade no chão, parecia algo impossível, a surpresa só não era maior que o espanto por estar presenciando tudo aquilo. Retorno para meu quarto enquanto ouço ao longe o rapaz sendo controlado pelos profissionais. Tomada por um desconcertante sentimento de surpresa, ouço a voz do eterno.

– Como você está?

– Não poderia estar mais surpresa pelo que aconteceu. Deixe-me quieta tentando elaborar essa cena, foi tudo muito forte para mim, não desejo lhe ouvir agora.

– Não poderia deixá-la quieta sem antes fazer uma reflexão sobre esse intrigante episódio. Por acaso não teria lembrado da cena da macaca quebrando, por fim, as grades da jaula?

– Exatamente.

– Simboliza o que você tem a fazer em seu drama cósmico, arrancar as grades que ainda lhe prendem a tentativas insanas de ajustar-se à normalidade. Ele arrancou as grades da janela, da mesma forma que seu sonho é arrancar as grades da visão distorcida e fragmentada da psiquiatria e da psicologia em sua forma de entender o ser humano. Ele materializou seu grande sonho, seu grande desafio humano, ele entrou no seu campo, houve uma profunda conexão entre vocês; são as interconectividades. Arrancar as grades significa abrir-se para a espiritualidade, despojar-se do olhar doentio lançado ao humano, que tanto o aprisiona em grades que cercam e distanciam o ser humano da sua parte divina.

– Estando do lado de cá, vivenciando a experiência de paciente, cada vez mais sinto isso como impossível. Estamos condenados a uma forma mecanicista, as pesadas grades que encobrem a visão de ser humano geram a maior ignorância humana, encobrindo totalmente a sua vasta gama possibilidade e potencialidade. Veja o exemplo do menino que também está internado aqui, preso a essas grades. Ele passou em primeiro lugar em medicina, sonha em ser maestro, mas teve uma alteração de consciência e se vê solto no infinito, sem poder integrar seu inconsciente. Quando o encontro ele sempre exclama a mesma palavra: infinito! É lá que ele está, não posso deixar de questionar-me a respeito de seu futuro, pois com certeza irão lhe dar um diagnóstico, um rótulo que tendenciosamente deverá explicar sua experiência, e irá receber tanta medicação que provavelmente permanecerá anestesiado pelo resto da sua vida, se achando um grande doente mental. Essa é a realidade aqui, não alimente em mim sonho de mudança dessa verdade, pois é praticamente impossível.

– Da mesma forma que parecia impossível aquele rapaz conseguir arrancar aquela pesada grade que separa a sanidade da insanidade. Refletir sobre esses aspectos doentios da saúde mental é a sua missão, o seu propósito, é para isso que você vive tais experiências, é para isso que precisa deitar seu corpo no leito de Procusto. Não há como realmente apreender as verdades se não for pelo caminho da experiência, é dela que a vida verte em possibilidades, é nessas vivências profundas e transformadoras que encontrará seu ponto de equilíbrio e o caminho certo a seguir.

– Creio que já experenciei o bastante, já vi muito, agora preciso mesmo é sair daqui. Entendi boa parte do processo, minha consciência abarca o todo em mim e desse todo firmarei meus pés na trilha que devo seguir. Agora entendo porque vivo tudo isso, contudo, sinto que já vi o suficiente, preciso é sair daqui e encontrar um ponto de calmaria em meio a tantas emoções.

– Peça a seu marido para lhe tirar daqui.

– Seria outra missão impossível, sei que dificilmente ele faria isso. Ele não entende o que vivo e isso deve ser seu grande tormento.

– Tente.

– Minha família não irá me perdoar, estraguei mais um Natal deles. Por que precisei viver isso justamente nessa data tão especial para todos?

– Revelo-me para ti na mais completa sintonia. Pulso em sincronicidades para lhe afirmar que viver tal experiência nessa data é para que você entenda que a completa assimilação do redentor capacita o assimilado para a obra da redenção no mais profundo de sua alma. Reconheça Cristo como símbolo do Si-mesmo e integre-o como um símbolo vivo dentro de ti. A alquimia aparece como continuação da mística cristã, atingindo as profundezas e obscuridades do inconsciente, isso levada às últimas consequências.

– Rendo-me a ti, não haverá mais luta a partir de agora. Nessa total rendição coloco-me frente à vida com toda sua trama existencial, forçando-me a achar luz na escuridão e graça no absurdo.

Eu já estava deitada e vejo um paciente entrar em meu quarto.

– Olá, Clezelda, você está bem?

– Sim, estou, apenas tentando entender como ele conseguiu arrancar aquelas grades. Não parece ter lógica, não consigo entender de onde veio força para tal façanha.

– Realmente foi muito estranho o que aconteceu, quase inexplicável. A força que ele usou para arrancar a grade é impressionante.

– Sabe que não pode entrar no meu quarto, isso é proibido aqui.

– Preciso lhe pedir algo.

– O que deseja?

– Um beijo.

– Um beijo? Por favor, saia daqui, estou proibida de me aproximar de vocês. A equipe médica proibiu qualquer aproximação com vocês, imagina se um enfermeiro lhe vê aqui dentro. Não quero problemas com ninguém, já tenho problemas demais.

– Só quero um beijo e que você me prometa que iremos nos encontrar fora daqui.

– Por favor, estamos vivendo momentos especiais, estou cansada e só preciso descansar, colocar minhas ideias no lugar.

– Só um beijo.

Com sua insistência, resolvo atender seu pedido para me livrar o quanto antes daquela situação e não ser ainda mais castigada.

– Está bem, venha aqui – e dou um carinhoso beijo em sua testa.

– Na testa? Que sem graça.

– Por favor, é o máximo que posso dar, você está sendo um anjo para mim aqui dentro, cuida de mim, me protege o tempo todo, mas que fique bem claro que o que temos é apenas uma linda amizade. Aceito profundamente todo carinho que tens por mim, sou grata, não sei o que seria de mim aqui sem você.

– E o que eu faço com o meu sentimento por ti?

– Não confunda as coisas, por favor. Sinto um enorme carinho por ti, nada mais; você é muito jovem logo encontrará alguém especial, tem a vida toda pela frente. Eu tenho problemas demais para resolver, por favor, tente entender e não misture tudo. Sei que vivemos um tempo difícil. Estar aqui é muito complicado mesmo, mas logo enxergará com mais clareza e tudo que vive aqui ficará apenas na lembrança como algo que marcou sua vida, que lhe ajudou a evoluir como ser humano.

– Não será dessa forma, eu jamais lhe esquecerei.

– Eu me lembrarei de ti quando estiver lá fora, lembrarei que encontrei um ser humano maravilhoso, um amigo dedicado, alguém especial mesmo e a quem eu desejo a maior felicidade, pois você é merecedor. Conheço sua história de vida, conheço sua luta e lhe admiro por isso, sei que ainda será um grande vencedor da vida.

– Só serei vencedor na vida se você estiver ao meu lado. Somente o amor justifica a vida, e o amor que sinto por ti está ajudando a curar minhas feridas. Sinto-me vivo e cheio de vontade de enfrentar a vida novamente, é uma força tamanha que me dá motivação para ir adiante, para sair daqui de forma diferente, para viver a vida de verdade, e não isso que fiz até agora, fugindo de tudo. Eu preciso que você entenda o que sinto por ti.

– Sim, entendo perfeitamente, concordo contigo, o amor é tudo de que precisamos, aquece nossa alma e nos enriquece. Ele nos torna mais humanos, e sem amor não há saídas, ele é a própria saída.

– Então, aceite meu amor por ti.

– Aceito, mas quero que também me entenda. Acolho esse amor em mim, agradeço por tudo o que você tem feito por mim, mas vivo um momento de profundas transformações. Estou conectada a um amor universal, por todos os seres, pela vida. Finalmente estou aprendendo a viver de outra forma, vivendo experiências profundas e transformadoras. O que sinto por ti é, sim, amor, mas é um amor maior que isso. É um amor que acolhe suas feridas, que lhe entende, lhe aceita e o reconhece na sua grandeza humana. É apenas isso que sinto, lamento por não ser nada além disso, é assim que sou, é assim que sinto. Você deve estar confuso com tudo que está vivendo e logo entenderá melhor isso que digo. Não quero lhe machucar, apenas estou sendo o mais verdadeira possível. Não confunda as coisas, temos uma amizade bonita e sincera, é assim que deve ser, você é o meu anjo aqui dentro.

– Vivi a morte de tudo que fui até agora. Pensei que jamais encontraria motivo para sorrir novamente, pensei que minha vida havia chegado ao fim. Hoje vejo tudo mudando, vejo que vale a pena viver. Também desejo continuar de outra forma, desejo reconstruir minha vida que havia falido completamente. Sinto uma força diferente e só posso pensar que é devido à força do amor que encontrei.

– Não tenho dúvida, o amor fortalece, dá sentido, preenche a vida das mais diversas cores, é nele e por ele que deve seguir seus passos na vida. Conheço sua luta, conheço sua dor. Sei que encontrará força para seguir, simplesmente porque está em contato com essa força poderosa que é o amor. Ele lhe torna grande, lhe dá poderes, aceite essa força dentro de si e verá tudo se transformando.

– E você?

– Eu também conseguirei significar minha existência e encontrar nela e por ela o necessário para seguir.

– Não aceito que nossos caminhos não tenham se cruzado de verdade.

– Cruzaram-se e aprendi muito com o carinho que você tem dedicado a mim em um período difícil, jamais esquecerei, tem em mim uma amiga eterna. É nesses momentos que conhecemos verdadeiramente as pessoas, nos momentos difíceis. Quando tudo parece nada é que encontramos pessoas como você, que tem sido alguém especial de verdade. Fico feliz por ver sua evolução, sua vontade de viver de nova forma; ver isso já vale muito para mim, é precioso demais.

– Terei de aceitar, então?

– Exatamente. Aceite minha amizade e tudo ficará bem.

– Não entendo isso que você fala de amor universal, isso não existe. É utopia, não é real.

– Posso definir esse amor como uma conexão profunda com tudo que vive, um sentimento muito forte que liga, une, uma ponte para infinitas possibilidades.

– Não sei se isso existe.

– É porque não passa pelo saber, é exclusivo do sentir. Viver essa abertura espiritual que vivo é beber da fonte inesgotável do mais puro amor. Talvez esse amor maior que vivo esteja me colocando em situações delicadas, em conexões profundas. Sei que preciso equilibrar isso dentro de mim para que não me traga ainda mais problemas. Agora preciso descansar. Boa noite!

– Boa noite, mas ainda verá que é você quem está confusa e não está vendo as coisas como são.

Naquele momento, a única coisa que eu precisava era dormir e tentar esquecer as fortes emoções de estar vivendo ali dentro. No entanto, sou novamente surpreendida por mais um paciente que entra no meu quarto:

– Olá, podemos conversar um pouco?

– Desculpe-me, mas estou precisando dormir. Estou muito cansada, conversamos amanhã. Proibiram-me uma aproximação maior com vocês.

– Acho isso uma ignorância, não consigo entender essa regra, parece piada sem graça. Só quero lhe mostrar algo que fiz. Você me inspirou a escrever e fiz uma música. Como você havia falado, transformei minha dor em arte, posso ler?

– Gostaria muito de ouvir, mas amanhã será um novo dia e tudo será mais fácil, vamos deixar para amanhã?

– Passei horas tentando encontrar as palavras exatas, agora gostaria que você escutasse.

– Está bem, leia para mim, mas saiba que se alguém lhe encontrar aqui teremos problemas.

– Esqueça isso, apenas escute:

Muitos corações não sabem a verdade
Mas o sol nasce no céu para mim e para você
Em meio a tantas vidas
Tanta crueldade
Aprendo a ser livre
E tenho a força de viver
Aí dentro da sua mente está toda a verdade
A distância entre nós não me separa de você
O que separa é a cultura e a sociedade
Nos julgam o tempo todo simplesmente por não Ser
Manipulam nossas mentes com programas de TV
Criam uma diferença que não tenho de você.

– Gostei muito, poderia ser meu hino. Acredito que toda verdade está dentro de nós, é só fechar os olhos e sentir em profundidade a força que surge ao confiarmos em quem verdadeiramente somos. De dentro brota toda a luz da caminhada.

– Quando falo da distância entre nós que não nos separa, estou falando na verdade de Deus, dessa força maior e poderosa que guia nossas vidas. Podem manipular nossas mentes, e são infinitos os caminhos da manipulação, que nos afastam dele, criam barreiras e paredes de concreto para encobrir verdades. O segredo é abrir o coração e sentir sua graça, suprimir as mentes viciadas e sedentas por uma lógica vazia que desumaniza mais do que qualquer coisa. É dessa forma que enxergo, as distorções que o olhar pode criar são infinitas, assim como é infinito o amor de Deus por sua criação. É isso que penso, é isso que sinto. Estando aqui dentro vejo a força corrosiva que tudo de mais precioso tenta destruir. No entanto, somos mais fortes que isso, a verdade será revelada no instante em que estarmos prontos para acolhê-la em nós.

– É exatamente nisso que acredito, mas estamos engatinhando em uma nova forma de Ser. Estamos mais perto de um mundo onde o ser humano será compreendido mais em sua inteireza, e isso significa acolher Deus dentro de Si. Não o Deus que está fora, e sim o Deus que está dentro, nossa parte divina e sagrada. Já trilhamos muito, caminhamos muito e agora esse é o caminho a ser seguido. Novos tempos, novas possibilidades nascem desse encontro.

– Você parece mais otimista que eu. As tramas são muitas, os caminhos, tortuosos; ainda penso que levará muito tempo para esse dia chegar. Eu escrevia mais quando era músico e morava no exterior, depois, parei.

– Como um músico que já andou por todo o mundo, que já morou nos mais diversos lugares, alguém com tanto potencial, com tanta criatividade, vem parar aqui dentro?

– É uma longa história. E você, como psicóloga, como vem parar aqui?

– Cada um de nós trilha sua própria história e vive tudo o que é preciso para acordar do sono profundo e despertar para a verdade do mundo, talvez essa seja a explicação. Apenas sei que temos a experiência exata que nossa alma precisa para despertar. Você deve continuar, sair daqui e usar sua criatividade para ter uma vida boa. Tem alma de artista, já lhe falei isso, aqui não é o seu lugar, é duro demais, é uma perspectiva doentia, e em ti tudo é arte e vida. Pulsa por ti a vida que deseja mais, mais compreensão, mais amor, mais cuidado. Você é alguém especial, sua criatividade é seu dom e deve usá-la a seu favor.

Feche os olhos para fora e mergulhe dentro de si, encontrará aí o tesouro, não tenho dúvida.

– Por acaso uma instituição psiquiátrica é o seu lugar?

– Por enquanto, é o que temos, viver essa passagem em nossas vidas.

– Vivemos aqui a separação do que é ilusão e do que é real. Nesse momento somos reflexo das meias verdades do olhar de quem deseja separar, quero apenas que esse olhar não nos separe da verdade. Escrevi mais uma:

O amor está dentro de nós
Ele não vem do exterior
O amor não se pode comprar
Mas posso dividir com você meu irmão
O que faz o sol brilhar
Trazendo vida a Terra
Consciência que brilha como o sol
É a favor do amor, luta contra a guerra
Poder ver a criança sorrir
E dizer que a fome acabou
Ver a paz no mundo invadir
Essa é a vibe *do amor*
Otimismo para conquistar
E esquecer a dor que passou
Sempre ter esperança no olhar
E perdoar quem não lhe perdoou

– Escrevi para você, para lhe dizer para nunca perder esse brilho no olhar, essa esperança e esse amor que emana por onde passas. Mesmo com toda dor por viver as experiências que vive, siga dessa forma, levando sempre uma palavra de otimismo e amor como faz para todos aqui dentro. Justamente por isso querem criar essa barreira entre nós.

Não aceite verdades prontas, leve a sua luta à lua e siga sua vida com toda essa dignidade e amor. Agora sou eu quem lhe digo, transforme cada vez mais a dor em amor.

– Agora fiquei sem palavras.

Chorando muito, completamente emocionada por todo o carinho recebido, apenas sussurro:

– Somente um abraço pode transmitir o que sinto agora, muito grata!

– Entender que em alguns momentos é preciso transgredir é ocasião rara, na qual as regras perdem o sentido.

– Tem razão.

– Você transmite em seu ser toda a paz e o amor, e isso é contagiante. Aqui dentro querem transformar isso em algo contagioso no mau sentido, afastando-lhe das pessoas.

– Muito grata por tudo! A perplexidade de estar vivendo isso é diluída pelo amor que recebo de vocês, jamais esquecerei esses momentos. Sei que por um lado machucam, salgam as feridas, mas, por outro, gratificam. Reconheço que sou abençoada por estar aprendendo tanto com vocês, com a vida e com Deus.

No dia seguinte, ao ver meu marido, eu estava decidida a deixar esse local para trás, estava certa de que já havia aprendido o suficiente para dar continuidade ao meu processo evolutivo.

– Como você está?

– Estou bem, tentando seguir após mais essa experiência. Vejo tudo ganhando outra forma, a mais bela forma humana, vivendo experiências que por um lado são dilacerantes, por outro, oportunizam ir além, sempre mais, assim sou eu nesse momento. Como estão todos?

– Está tudo bem, apenas pense na sua recuperação.

– Banhei-me na fonte do infinito amor, vejo tudo se transformando dentro de mim. A única coisa de que necessito é descansar, retornar para minha casa e tentar seguir novamente, você pode me tirar daqui?

– Não posso fazer isso, aproveita esse tempo para descansar.

– Está sendo impossível descansar aqui dentro. Você não entende que preciso ficar só? Preciso da minha solidão para tentar integrar esse complexo momento existencial, e reconheço que aqui é impossível. Com as fortes emoções que vivo, os médicos chegaram a proibir homens e mulheres de sentarem ao meu lado; entre nós deverá sempre haver uma cadeira nos separando, essa é a nova regra do local para mim. Enfrento todo tipo de castigo aqui, e isso é desconcertante. Viver a jornada cósmica em uma instituição psiquiátrica é sentir na carne a dor que ultrapassa toda forma de viver.

– Proibiram os pacientes de sentarem ao seu lado?

– Sim. Achei estranho no começo, mas agora entendo. Sinto uma energia muito forte em mim, uma energia poderosa e atrativa, a força do amor que atrai e faz vicejar todo tipo de vida em mim. Preciso do meu silêncio para elaborar tudo que vivo agora, nele encontrarei minhas respostas, não posso mais permanecer aqui.

– Não sabemos mais o que fazer. Entenda que lhe ver naquele estado é muito forte para nós também. Foi um Natal inesquecível para todos.

– Sim, eu sei, peço desculpas, não tive a intenção de estragar o Natal de vocês, mas acabou acontecendo, precisei viver aquilo nessa data tão significativa, foi independente da minha vontade. Sei que preciso encontrar o ponto de equilíbrio para que essas experiências não me invadam completamente, mas, por hora, o que posso dizer é que enxergar tudo da forma que enxergo é maior do que posso suportar. Sei que terei de enfrentar muitas coisas pela frente, sei que ainda não cheguei ao final, mas estou a caminho, é um movimento que me empurra abruptamente a lugares incertos, mas estou mais confiante em mim. Eu posso contar contigo para me tirar daqui? Preciso voltar para casa.

– Não insista, não posso fazer isso, não agora. Fique mais um tempo, tente descansar e tudo ficará melhor. Lembre-se de que dessa vez foi sua escolha vir para cá.

– Sim, eu precisava me afastar de todos, era só isso que eu pensava, por isso optei por vir para cá. Sei que fui longe demais, que vocês não entendem. Eu quis explicar o que vivo, quis explicar Deus para vocês, quis revelar minhas vidas passadas. Fui inebriada por toda a luz, mas hoje entendo que Deus não se explica, se vive. Por vezes Ele vem a nós com uma força mais poderosa que tudo, e é essa força que sinto agora, enfrento o poder de Deus em mim, ele é maior que tudo, mais forte que tudo.

– Como pode falar tanto em Deus vivendo tudo isso? Será que você ainda não percebeu que isso está lhe destruindo? Isso está acabando com nossa vida, chega uma hora que é preciso dar um basta. Creio que a hora é agora, dê um basta a isso que vive e continue sua vida. Não entendo como pode achar bom isso que vive, olhe ao seu redor e veja a destruição que isso está provocando.

– Tem razão. No entanto, ao olhar para dentro de mim encontro o tesouro, uma riqueza que conduz meus passos em meio a essa escuridão. Contato agora com essa força e poder, vejo tudo como uma grande possibilidade. Sei que está coberto de razão. Sim, minha vida está sofrendo bruscas transformações, eu estou me transformando completamente, mas isso não é ruim, tem o lado bom também, e é ele que me faz seguir.

– Qual é o lado bom de estar vivendo isso tudo aqui? O que você enxerga de bom nisso?

– Enxergo a possibilidade da mudança, da regeneração completa do meu Ser.

– E para isso precisa viver dramáticas experiências? Não dá para crescer sem tanto susto, de forma mais serena? Por que tudo contigo tem de ser tão intenso?

– Talvez porque eu seja uma pessoa intensa, talvez porque minha alma necessita dessas experiências, talvez por isso eu seja lançada a isso tudo, talvez porque o caminho espiritual chegue a algumas pessoas dessa forma, tal qual um vendaval, arrancando tudo, desconstruindo tudo.

– Não sentes medo por estar vivendo tudo isso?

– Já senti muito, mas ele vai sendo diluído à medida que avanço. Ao enfrentar o que preciso enfrentar ele vai ficando pelo caminho. Não tenho escolha, preciso enfrentar, não posso paralisar e estancar o processo.

– É muito difícil lhe entender, reconheço que já deixei de entender há muito tempo. Após tanto tempo de convivência chegar ao ponto de não lhe entender mais é muito complicado para mim, espero que também me entenda.

– Creio que sim, consigo lhe entender perfeitamente, chego a pensar que só quem passa pela "coisa" entende a "coisa".

– Que coisa?

– O processo de iniciação, de abertura. Tenho plena consciência que ao final de tudo receberei os benefícios, mas ainda não chegou o final. Agora eu só preciso sair daqui, essa é minha única necessidade agora. Saberei guardar para mim minhas experiências, não incomodarei ninguém com esse louco processo, tem a minha palavra, eu me calo! Assim como Jó, cobrirei a boca com as mãos e não discutirei mais Deus.

– Jó?

– Ele, frente às duras experiências as quais foi lançado, conscientiza-se de que o melhor é emudecer-se. Esse foi o momento da sua verdadeira entrega e obediência. Alguns amigos de Jó ousaram afirmar que Deus o castigava por causa dos seus pecados, mas Jó disse:

"Ainda que Deus me matasse, confiaria sempre Nele. Eu sei que o meu Redentor vive e que no último dia ressurgirei da Terra; serei novamente revestido do meu corpo e na minha carne verei o meu Deus. Sim, eu mesmo O verei e os meus olhos o hão de contemplá-LO. Esta esperança repousa no meu coração".

Neste momento digo o mesmo, calo minha voz diante de tudo que vejo.

– É uma situação muito difícil, estou confuso com isso tudo.

– Não estou louca, juro que não. Apenas enxergo um pouco mais, mas saberei manter meu silêncio.

– Não sei se posso fazer pedir alta.

– Sim, pode, é só querer. Alta a pedido, é isso que precisa fazer por mim.

– Sempre fiz tudo por ti, mas dessa vez acho muito difícil, não sabemos o que mais poderá acontecer.

– É a única vez em que realmente precisarei de ti.

– Sem uma só palavra sobre o tanto que enxerga?

– Sim, não falarei nada, tentarei elaborar tudo sozinha, só preciso sair daqui, voltar para minha casa. Compreendo que deve ser muito difícil para vocês verem tudo que vivo. Esse processo é muito intenso mesmo, mas tem o lado bom, sinto como se tivesse abandonado a jaula humana, saído definitivamente da caverna e estivesse me queimando com o sol. É muito forte ainda para meus olhos verem tanto sol, abandonar a vida das sombras é uma das coisas mais difíceis para o ser humano. Sei que com o tempo isso tudo ficará mais tranquilo, aprenderei a focar meu olhar e não ser queimada com a luz de tudo que vejo.

– Por que tudo isso? Para que você tem de ir tão longe?

– Não me faça perguntas difíceis. Depois de entrar nesse caminho é preciso apenas seguir, apenas confie em mim. Chegará o momento no qual conquistarei o equilíbrio entre o mundo espiritual e o da matéria. Sei que ainda não é a hora, mas posso lhe garantir que minha consciência está lúcida, como nunca esteve.

– Chego a pensar que o problema é que você é muito mimada e cheia de caprichos.

– Sim, eu era mimada, e muito disso se deve a ti, que passou a vida inteira me enchendo de mimos, fazendo tudo por mim. Como não ser mimada assim?

– Agora eu sou o culpado?

– Não se trata disso. Hoje é mais fácil eu enxergar minha inferioridade. Reconheço também que eu era arrogante e impetuosa. Vejo meus defeitos, minhas limitações, minha fraqueza humana. Tudo isso está claro para mim como nunca esteve. Tento transmutar minha inferioridade, e sei que irei conseguir, pois a luz que vejo é maior do que tudo. Tudo isso vai valer a pena, pois, ao final, serei um ser humano melhor, mais consciente e mais pleno, é apenas para isso e por isso que vivo tais experiências.

– Você está estranha, falando coisas estranhas, acho que ainda está confusa.

– Nunca estive tão lúcida.

– Sempre fiz tudo para lhe fazer uma pessoa feliz, olha o que você está fazendo com sua vida, está jogando tudo fora. Você tinha tudo para ser feliz, olhe para você agora, olhe e reflita sobre tudo que está vivendo. Veja se realmente é esse o caminho, pois eu não sei mais o que pensar sobre isso, é muito complexo lhe ver assim.

– Você tem razão, meu caminho não tem sido de flores, e eu reconheço isso, mas seria loucura não reconhecer também a beleza de tudo o que vivo. Preciso apenas deixar esse lugar para trás e retomar a minha vida.

– Você tomar a medicação indicada?

– A necessária para que tudo fique bem, prometo.

– Vou tentar falar com a médica, mas não garanto nada.

– Agradeço imensamente.

Após um longo período, ele retorna com a tão esperada alta. Fiquei naquele local o tempo suficiente para significar minhas experiências e retornar à vida novamente. Dessa vez deixo naquela instituição os meus medos e incertezas, carrego na mala a certeza de que eu iria superar e assimilar em minha vida essa nova visão que se abria ao fundo desse tempestuoso processo. Apesar da aceleração do processo, o sentimento que eu vivia era o mais profundo amor e paz, eu estava invadida pelo sagrado e precisava ardentemente reaprender a viver, de uma forma completamente nova, integrando as experiências à nova vida que queria desabrochar em meio a esse desconcertante processo.

Aqui teve início minha morte para começar um novo momento. O muro foi destruído e agora eu encontrava a possibilidade de enxergar completa e claramente o que havia do outro lado do muro.

Capítulo VIII
Self: a pedra filosofal

Senhor!
Ajuda-me a transitar:
da treva para a luz;
da mentira para a verdade;
e da morte para a imortalidade.
Upanishads

Para melhor compreendermos os processos profundos de transformação psicológica é necessário entender alguns conceitos do estudo aprensentado por Jung, retomando o que ele apresenta em sua extensa obra. É nele que encontraremos a luz que ilumina o ser em sua completude e vastidão humana. Ele nos diz que o desbravar do *self* enseja o arrebentar das algemas, alcançando e conquistando lugares ainda inexploados do mundo interior. Desse encontro sagrado e verdadeiro veremos a vida nascer repleta de alegria e também de renúncias. Essa conquista deverá passar, em primeira instância, pelo enfrentamento dos medos, desarticulando as ilusões e, assim, possilitando constatar que a reflexão a respeito do real foco da existência material em todas suas nuances brilha do desenvolvimento do *self* em nós o elo fundamental para alcançar a tão almejada maturidade psicológica, abrindo caminhos para o florescer dos aspectos essenciais e, assim, contatar a harmonia e boa fluidez do ser humano que se aventura na jornada do autodescobrimento.

O *self*, conforme Jung, é uma imagem arquetípica do potencial mais pleno do homem e a unidade da personalidade como um todo. O *self* pode ser entendido como um princípio unificador dentro da psique humana, o qual ocupa a posição central na vida do ser humano.

O conceito do *self* está diretamente relacionado à semelhança com uma imagem de Deus. Podemos pensar que o *self* não é somente o centro, afirma Jung, "mas também a circunferência total que abrange tanto o consciente quanto o inconsciente, é o centro dessa totalidade, assim como ego é o centro da mente consciente". Podemos inferir, assim, que a principal tarefa humana passa a ser o reconhecimento do *self*, De acordo com essa verdade, teremos a possibilidade de ele ser assimilado e integrado, realizado. Esse é o caminho que vem sendo desnudado até o momento. Por outro lado, é importante ter o discernimento de que não é possível a internalização de toda sua totalidade tão vasta e luminosa, por sua grandeza e magnitude, e que apenas parte dele se fará presente na consciência humana. Mesmo diante dessa percepção, é possível apontar que o diálogo entre ego e *self* é um processo incessante, fruto da harmoniosa comunhão entre eles, como um processo contínuo que verá desabrochar a individualidade da vida de um ser humano.

A partir do que propõe Jung, o *self* não deve ser visto como inteiramente benigno. Ele afirmava que poderia ser comparado a um demônio por se tratar de um poder determinante isento de consciência, uma força bruta que habita nosso ser à espera de ser lapidada. Partindo desse ponto de vista, o *self* pode ser compreendido como uma incitação arquetípica desempenhando a função de coordenar, relativizar e intermediar a tensão dos opostos. Nesse sentido, pode-se afirmar que é no *self* que iremos encontrar a possibilidade do confronto com a polaridade entre bem e mal, luz e sombra, humano e divino. Seguindo nessa linha de raciocínio, é possível reconhecer o valor simbólico do *self*, o qual, na maioria das vezes, engendra um aspecto de numinosidade. O contato com ele irá promover na consciência do Ser um sentimento que fará florescer aspectos do transcendente. Entrar em sintonia com essa sabedoria universal é contatar os aspectos mais profundos da psique humana, é descobrir a vida em sua plenitude, é se ter por inteiro. Essa comunhão propicia o arrebentar das algemas para ver a vida em sua completa expressão e grandeza, é o caminho que irá seguramente conduzir a partícula de Deus. Como bem Jung costumava salientar, o *self* é a expressão de uma imagem de Deus, e seria possível considerar, também, que as afirmações dos alquimistas sobre o *lapis*, considerado psicologicamente, descrevem o arquétipo do *self*.

Jung chamou o *self* de arquétipo central, arquétipo da ordem e da totalidade da personalidade. Dele vinha a afirmação de que consciente e inconsciente não se encontram em oposição um ao outro. Veremos surgir daí uma relação de complementação, e dela teríamos a possibilidade de totalidade, o *self*. Como o caminho inicial que irá promover essa comunicação e integração com o *self* ocorre por meio dos sonhos e também da imaginação ativa, esse é um aspecto muito relevante na vida do ser humano. Ao termos o discernimento e a clareza desse aspecto, iremos adquirir um olhar que percorrerá a trilha para o desenvolvimento pleno da comunicação, abrir caminhos para que ela seja despertada e incentivada, conduzindo a uma maior integração dos conteúdos psíquicos. Mesmo que o *self* apresente um bom desenvolvimento, a verdade é que o ego sempre será o centro da consciência, porém não mais com distorções ou poder, e sim de forma a permanecer vinculado ao *self*. Atingiremos tal patamar com a assimilação do constante processo de aproximação dos fenômenos inconscientes. Constata-se que quanto mais desenvolvido, mais clara e precisa se dá a comunicação, resultando em um profundo autoconhecimento e maturidade psicológica.

No rumo do pensamento revelado até agora, é de suma importância o olhar e o aprofundamento a respeito da função psicológica e transcendente, a qual tem como objetivo a união entre os conteúdos conscientes e inconscientes. No inconsciente fica armazenado todo o vasto material esquecido do passado individual, material que guarda os aspectos herdados que estruturam a base do espírito humano. É no inconsciente que encontraremos a vasta gama de fantasia que ainda se apresenta como inviável para a transcendência. O inconsciente se apresenta como esse campo misterioso repleto de conteúdos que nem sempre temos a disponibilidade de acessar. Em muitos casos, ele permanece adormecido ao logo da trajetória, porém, no decorrer do processo evolutivo, sendo capaz de entrar em contato com estímulos apropriados, o material reprimido tem a oportunidade de vir à tona no campo luminoso da consciência. A função transcendente tem como propósito unir opostos, revelando-se a nós por meio do valor simbólico. Ela assume o objetivo de arar o terreno da semente da transformação, no qual veremos morrer uma forma de ser ou condição psicológica para dar espaço a outra mais desenvolvida. Ela carrega em si a missão de levar a cabo uma maior totalidade e abrangência dos conteúdos na consciência.

Essa função surge como um vínculo entre dados reais e imaginários, ou racionais e irracionais, preenchendo o espaço entre a consciência e o inconsciente. "É um processo natural", afirma Jung, "uma manifestação da energia que se origina da tensão dos opostos e consiste em uma série de ocorrências de fantasias que surgem espontaneamente em sonhos e visões".

Vimos aqui o valor e a representação do *self* no do vasto campo psicológico, e é por meio dele que iremos desbravar novas configurações dentro do nosso processo evolutivo. Ele surge revestido de todo o tesouro que possibilita fazer brilhar o humano na sua inteireza, em profunda harmonia com seu inconsciente, sabendo que dele verte a vida na sua explosão de cores e possibilidades. Promover e ampliar essa comunicação é nossa maior tarefa, reconhecendo seus benefícios, pois é dele e por meio dele que veremos revelados os nossos propósitos maiores que nos humanizam e espiritualizam, que nos revelam o verdadeiro sentido existencial. *Self*, a pedra mais brilhante!

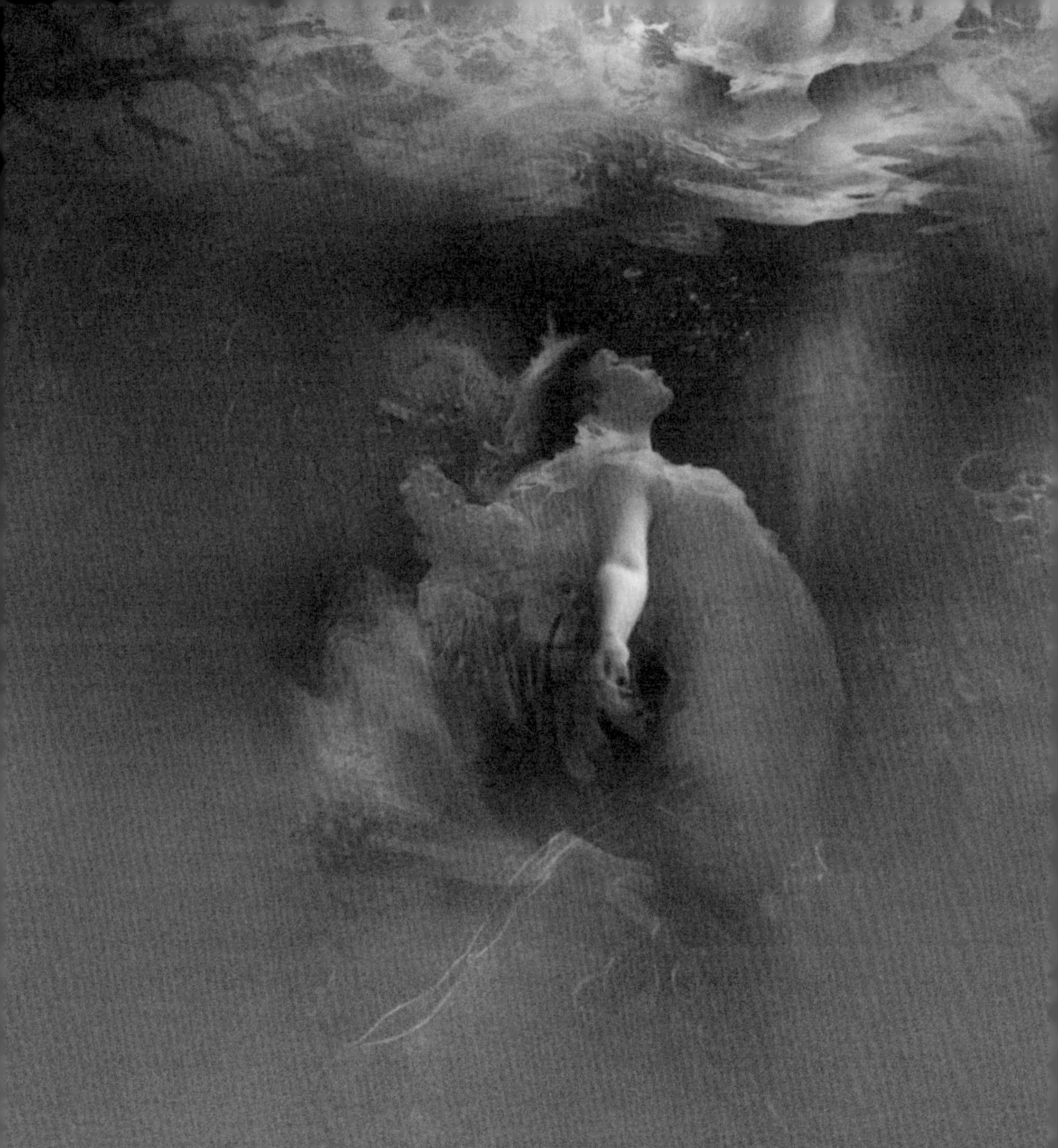

Capítulo IX
Ao encontro do Real

Se tudo no universo é energia e transformação,
necessariamente tudo é ilusório e impermanente.
Assim, o apego resultaria em sofrimento e estagnação.
Pierre Weil

Eu vivia um momento de transição profissional, o novo momento despontava na linha do horizonte. Era um tempo de dúvida quanto ao meu futuro pessoal e profissional, contudo, eu vivia a certeza de que mudanças significativas decorreriam a partir desse confronto com o inconsciente. A vida exigia profundas transformações, e eu sabia que era chegada a hora da materialização das mudanças interiores as quais fui submetida. Eu estava passando por uma metamorfose e isso requer aceitar mudar, permitir que a mudança aconteça, tendo a clareza que dela algo melhor pode surgir. Para isso, porém, é preciso enfrentar o medo de mudar, de ir além, e, a partir disso, buscar o verdadeiro propósito da existência, ou seja, desacomodar, desordenar para encontrar uma nova ordem, um novo jeito de Ser. Nessa realidade é que vou ao encontro de minhas verdades humanas. A espiritualidade veio para mim de forma intensa e reveladora. Eu precisava dar continuidade as minhas questões humanas, achar o meu caminho com esse novo olhar adquirido na caminhada.

Escuto a voz do eterno em mim:

– Após experimentar tantos renascimentos e morte, chegou a hora de enfrentar a morte.

– Morte? Quer dizer que vou morrer agora, após viver tudo isso?

– Sim, morrer completamente, não há outro caminho.

– Por certo você deseja me apavorar. Como posso morrer agora depois de tudo que enfrentei? Não acredito que a vida termine assim, sei que ainda nem comecei a viver, que muita coisa ainda tenho para fazer por aqui. Esse é só o começo da caminhada, o começo de uma nova vida. Fiz meu comprometimento com o plano maior, sei que um novo momento está aguardando a hora de ser vivido. Não me venha falar em morte, não agora, quando vejo a vida de verdade, quando finalmente aprendo o que é viver.

– Bem sabe que não existe só a morte física, falamos agora em outro tipo de morte: a morte completa de quem você era, o ponto final.

– E isso quer dizer o quê?

– Você sabe exatamente do que falo, sua vida precisa de mudanças, de transformações. Viver tudo que viveu é o mesmo que abandonar completamente a vida que tinha, ela não lhe pertence mais e precisa olhar para isso com a maturidade que isso exige. Hora da renúncia e da prática do desapego; o momento exige isso, enfrente.

– Consigo ver verdade em suas palavras, mas não posso simplesmente abandonar tudo e seguir um caminho que nem sei qual é. Preciso contatar com algo certo, preciso de alguma segurança para seguir vivendo e olhando para o exterior, não tenho nenhuma.

– A vida não dá segurança a ninguém, a vida é movimento, transformação. Chegou seu momento de encarar a verdade.

– Talvez não seja o momento ainda, preciso me fortalecer mais. Enfrento tempos difíceis, tudo é novo para mim. Engatinho nessa nova forma de ser no mundo, aprendo aos poucos a integrar esses mundos. Isso demanda tempo, vontade e coragem. Confesso que sinto medo de seguir por esse caminho, talvez seja demais para mim.

– Em nosso primeiro encontro revelei que você enfrentaria muitas dores. Enfrente essa agora e desapegue-se da velha forma, deixe para trás sua antiga vida e veja, por fim, o que há para ti. A palavra de ordem é desapego, soltar, largar, andar, deixar o novo invadir sua casa.

– Não tenho escolha?

– Não, hora do divórcio.

– Isso dói muito, eu tinha uma vida maravilhosa.

– Desapego. Viva completamente essa verdade.

– Morreu tudo em mim, visão de mundo, de ser humano, paradigmas, teorias, visão de eu, e agora morre minha vida que era tão boa. Sobrará algo para mim nesse mundo?

– Sobrará você compreendendo toda a beleza e o esplendor da vida.

– Como pode me falar em beleza e esplendor quando o que enfrento é só morte?

– Você saberá o que é a vida de verdade. Para isso é preciso abandonar o velho, não há outro caminho. Mudança é só o que precisa enfrentar, aceite e siga.

– O difícil não foi lhe encontrar, difícil é aprender a viver contigo. Não encontro paz, que força devastadora revela em seu existir!

– Permita a minha completa penetração em sua vida e depois disso será poderosa na batalha do fogo da liquefação e da purgação. Só então verás diminuir a escuridão, exatamente como acontece com o cobre e o chumbo. Entenda que não precisará mais se defender de mim, exercite a verdadeira entrega, desenvolva a arte de viver a vida em toda sua plenitude. É só isso que espero de ti: coragem para enfrentar suas mortes e força para seguir além e por meio delas.

Consciente de que não havia outra saída, eu precisava dar forma às transformações que invadiam meu viver, sair do simbólico e materializar o vivido. Assim, manifestei meu desejo de separação para meu marido. Começamos, então, a organizar tudo para sua realização, e por fim entendi que ir adiante com o divórcio era a única possibilidade real para que as coisas melhorassem tanto para mim quanto para ele, que se achava completamente confuso diante do processo que eu vivia. A nossa relação havia chegado em um ponto no qual não havia mais como continuar, vivíamos em mundos separados, eu havia ido longe demais. Eu precisava dar continuidade ao meu processo evolutivo, ou seja, seguir só, encontrar em mim a força e a coragem para o enfrentamento da minha própria vida, abandonando completamente o lugar seguro e confortável para me aventurar pelo incerto, pelo duvidoso, mas também pelo atrativo lugar que possibilita o encontro consigo mesmo longe de apegos e de velhas formas. Havíamos percorrido um longo caminho de alegrias, realizações, conquistas, companheirismo e muito amor, mas chegamos ao entendimento de que o ciclo havia se encerrado completamente. Ele também entendeu que o melhor seria continuarmos em caminhos diferentes, assim, chegou a temerosa hora do adeus:

– Você sabe que eu fiz tudo que podia pela nossa relação, que durante esses vinte anos que ficamos juntos eu dei o meu melhor para ti.

– Sou completamente consciente disso, sei que recebi o maior amor que um ser humano pode receber. A sua capacidade de amor e de entrega é admirável, eu senti esse amor e cuidado durante todos esses anos. Exatamente por isso sou apenas gratidão nesse momento, não encontro palavras para agradecer todo o seu esforço em me fazer uma pessoa feliz, jamais esquecerei.

– Eu queria muito poder lhe entender, lhe ajudar mais, mas reconheço que não há mais como continuar, chegamos a um limite, a uma barreira intransponível.

– Eu sei disso, o melhor que temos a fazer é seguir cada um na sua vida. Eu preciso buscar meu equilíbrio, eu preciso aprender a viver nesse novo mundo que se abre, buscar minha individuação. Sei que enfrentarei momentos difíceis daqui para frente, estou consciente de que enfrentarei muita solidão, mas esse é o caminho que escolhi. A vida que eu levava já não tem mais sentido, preciso ser honesta com tudo que vivo, apenas isso. Você entende?

– Entendo, chegamos ao fim. Sempre lhe falei que a minha sensação contigo era a de ter uma missão na sua vida, mas agora sinto que essa missão chegou ao fim.

– A missão foi cumprida da melhor forma; se é assim que sente, é assim que vejo. Você cumpriu sua missão comigo da forma mais bela, minha vida ao seu lado foi sempre da maior alegria. Sinto por não ter conseguido dar mais de mim, recebi mais do que dei. É essa a sensação que fica para mim e exatamente por isso sou apenas gratidão.

– Sabe que depois de tudo isso eu cheguei a uma conclusão a seu respeito?

– Ah, é? E qual conclusão é essa?

– Você é igual a essa planta que você espalhou por toda a casa.

– Qual planta? Deve estar falando do trevo de quatro folhas, o trevo da sorte que espalhei por todos os lugares. Você sabe que tenho um grande carinho e cuidado com esse trevo, ganhei de meu pai dias antes de ele falecer, fico feliz com a comparação.

– Não foi exatamente nele que pensei.

– Não? – Indago, surpresa.

– Então, de qual planta você fala?

– A comigo-ninguém-pode. O nome dela diz tudo, lhe define.

– Só você para me fazer rir em um momento como esse. Bem que poderia ser o trevo da sorte, me daria mais esperança para seguir. Entendo que olhando do lado de fora parece que ando meio sem sorte nesses últimos tempos. No entanto, olhando pelo olho interior posso reconhecer toda a riqueza de meu momento existencial.

– Sei que você encontrará seu caminho, sozinha ficará mais fácil para ti.

– Não sei se será mais fácil, por certo será mais difícil. Enfrento uma revolução interior e terei de enfrentar uma revolução na minha vida. Sei que tudo se transformará para mim, que preciso também transformar minha vida profissional. É um momento complicado esse, mas encontro em mim a completa abertura para seguir.

– Vá com calma, um passo por vez e tudo dará certo.

– Viver uma Emergência Espiritual é tirar tudo do lugar, é uma força muito forte que abala nossas verdades. Entretanto, ao mesmo tempo ilumina nossa caminhada, tira tudo para dar tudo; resumindo, é o que posso pensar ao viver tudo isso.

– Você é livre para seguir a vida da forma que acredita. Encontre suas novas verdades e seu novo jeito de viver. Você é abençoada, sei que irá encontrar seu caminho.

– Só posso desejar a maior felicidade para ti. Entendo que tais experiências devem ser assustadoras para ti. Finalmente posso dizer que sinto o mais profundo amor por ti, agradeço imensamente por todos esses anos que passamos juntos. O que sinto é que do lado de fora tudo parece ruir, mas do lado de dentro contato uma força que jamais imaginei ser capaz. Sei que preciso trabalhar meus apegos, sei que deixo para trás uma vida muito boa, um companheiro que todas as mulheres gostariam de ter, reconheço seu valor e isso faz esse momento ainda mais difícil. No entanto, não tenho escolha, não temos escolha, sei que será muito difícil viver sozinha em um momento como esse, no qual eu precisarei de todo apoio. A vida por vezes não se apresenta no caminho mais fácil, ela exige de nós renúncias. Esse é o meu momento de renunciar a minha antiga vida e deixar o novo despontar na linha do horizonte.

– Sei que você irá superar.

Passar por um divórcio é sempre um dos momentos mais transformadores na vida das pessoas. Se, por um lado, pode representar um mergulho no oceano de perdas, de tristezas e de dor por ver desfeitos sonhos, investimentos, realizações e tudo o mais que implica um viver a dois, por outro, é possível contatar a oportunidade de regressar ao centro, de ir ao encontro do mais essencial da vida, que é a possibilidade de reintegração de partes que ficaram pelo caminho durante o caminhar a dois. Compartilhar a vida com outra pessoa é também abrir mão de algumas partes que consideramos importantes em prol da relação. Viver o momento de luto, de perdas, de deixar partir, é também uma oportunidade única para permitir florescer o novo no Si mesmo. É da mais completa solidão humana que a verdade parece verter, inundando tudo do mais sagrado viver. É preciso deixar morrer, é preciso deixar partir, para só então parir a vida repleta de novas configurações. Do escuro e no escuro novas nuances vão colorindo e permitindo a mais clara luz.

Sou obrigada a reconhecer que minha vida sofria as consequências promovidas por todas as transformações interiores. Eu vivia a mais profunda crise existencial, humana e também espiritual. Fui lançada em um mundo completamente novo e desconhecido, e a impressão que eu tinha era a de que não conseguiria seguir minha vida dentro dos padrões da antiga existência. Um mundo completamente novo se abria e a mim restava apenas a noção de que deveria seguir, encontrando um novo jeito de Ser, contatando esse novo olhar que se abria diante de mim. O processo exigiu de mim a mais completa entrega e submissão ao plano espiritual. Eu sabia que algo estava sendo preparado, que eu não tinha alternativa além de exercitar a completa aceitação e confiança ao vivido. Das experiências de expansão de consciência eu absorvia todas as orientações necessárias que guiavam meus passos nessa nova forma de andar.

Eu tinha sido completamente banhada pelo sagrado, e isso fez brotar em mim a necessidade de fazer minhas descobertas a partir de uma perspectiva religiosa. Eu sentia a necessidade, movida por uma enorme fome de Deus, da busca de uma ponte religiosa que elucidasse o vivido. Dessa forma fui ao encontro de respostas que me explicassem o vivido fora da visão científica e teórica a respeito do que vem a ser essa crise de transformação. Minha busca agora era religiosa, e eu não tinha em mim a vida religiosa, tinha apenas o desenrolar da minha espiritualidade de uma forma direta com a fonte. Eu estava chegando à conclusão de que só a vida religiosa traria para minha vida algo de concreto e elucidativo das experiências que eu vivia. O espiritismo apontava o caminho e minha forma de entender o mundo encontrava eco em sua forma e visão de explicar a vida e a morte. Minha visão aproximava-se muito dessa forma de entender o mundo. Contudo, fui empurrada a ir adiante e a buscar integrar melhor minha experiência; eu reconhecia que minha experiência era transreligiosa.

Por algum tempo, busquei minhas respostas no hinduísmo. A partir do encontro com uma monja hindu, fui voraz na leitura do Bhagavad-gita, cheguei a pensar que deveria ir para um templo na Índia. Logo entendi, porém, que esse não era meu caminho. O mestre está dentro esperando o momento exato do despertar, e o meu caminho era o de contatar esse mestre interior, essa sabedoria interior que vive em nós. Senti que precisava ir adiante e encontrei o Budismo repleto das suas nobres verdades. Pensei que esse fosse o caminho, acredito que essa filosofia promova o encontro com a verdadeira riqueza humana, sendo um caminho para o Ser em sua plenitude. Resolvi que minha maior vontade até aquele momento era a de me desligar completamente do mundo material e de entregar minha vida ao sagrado. Após algum tempo de estudo do Budismo, vi em suas verdades a possibilidade real de uma saída ou encontro com as minhas verdades. Estava decidida, eu iria abandonar tudo e morar em um templo budista. Com essa decisão, vivi o desprendimento da matéria e da vida mundana, e também a possibilidade de me desligar de tudo, apesar da dor de deixar para trás a profissão que tanto amo e de ter de enfrentar o afastamento do meu filho. Preparo-me para o grande dia, a entrevista com monges em um templo em São Paulo.

Foram meses de preparação vivendo o completo desprendimento de tudo, experenciando o desapego completo. Meu maior desejo era deixar tudo para trás e entregar-me a esse mundo novo, um mundo onde a vida está mais próxima do essencial, desvinculada de toda forma mundana para dar vazão à vida em um patamar espiritual. Eu ansiava por respostas e me encontrava distante demais de tudo que um dia acreditei ser o reflexo verdadeiro da vida.

Após a cansativa sabatina com os monges, a voz do eterno se faz presente em mim:

– Retorno ao lar?

– Creio que sim.

– Encontrou suas respostas?

– Na verdade, fiquei mais confusa. Vejo no budismo a filosofia que pode levar à libertação do ser humano, o caminho reto para a liberdade das amarras, para abandonar completamente a jaula, possibilitando a libertação de toda ignorância egoica. Contudo, eu não soube responder a pergunta do monge:

"O que lhe faz pensar que em um templo budista será mais útil para a sociedade do que fora, exercendo sua profissão?" Sempre amei minha profissão, e naquele momento percebi que seria muito difícil abandoná-la para seguir a vida religiosa; seria uma grande dor. Não consegui encontrar resposta para essa pergunta, meu silêncio falou tudo.

– Entenda como um sinal de que esse não é seu caminho e retorne para sua vida imediatamente. Você acha que seria feliz em um templo, longe de tudo e de todos, privada das coisas que realmente lhe fazem feliz, longe do seu filho, da sua profissão?

– Por que você me deixou chegar até aqui? Até agora não consigo entender o monge falando em templo com ofurô para eu ir, o que significa isso? Seria um sarcasmo, mas monges não são sarcásticos, então, como devo entender isso? Uma piada divina, é isso? Essa foi a situação mais engraçada que já vivi, jamais pensei ouvir algo assim de um monge. Em alguns momentos nessa jornada eu só posso pensar que o mais óbvio a fazer é extrair a graça do absurdo. Sinceramente, não consigo entender algumas coisas que acontecem, está muito além da minha compreensão.

– O sinal foi claro, não é esse seu caminho, apenas foi um exercício de desapegos, para ver até onde você iria em sua proposta existencial. Ora, templo com ofurô, era mesmo o que faltava! Ele deve ter percebido em ti que você ainda tem muito a desenvolver na arte do desapego da matéria. Por mais que você queira se livrar dela, ela não se livrará de ti, aceite isso. Aceite sua condição e aprenda a viver de outra forma. A matéria faz parte da vida na Terra, não há porque ter desprezo algum. Ela é um caminho para a realização de uma vida digna, com possibilidades, apenas não deve ser o único foco do Ser. Se isso for compreendido completamente, não haverá distorções, nem inversão de valores. Quando o ser se coloca como refém da matéria, porém, é ela quem dá as cartas, causando ilusões e falhas de toda ordem. A verdade é que você não está pronta para essa vida simplesmente porque não é vida para ti, que ainda necessitas de ofurô.

– Meu Deus, era o que me faltava, templo com ofurô! Só posso pensar que sempre estou sendo testada até o limite da minha sanidade.

– Sim, exatamente isso. Leve para sua vida o melhor do budismo, a meditação, insira na sua prática e siga sua vida. Seu caminho não é pela vida religiosa, nunca foi e não será agora.

– Não sei se fico feliz ou triste com tal realidade, tenho muitas dúvidas a respeito de tudo. Você vem a mim e arranca bruscamente tudo de mais valioso, faz eu lhe seguir por lugares íngremes, pede para que eu confie e pratique a arte da renúncia, da entrega, da fé e do desapego, coloca-me frente ao nada, pedindo tudo de mim. Suas artimanhas me prendem e me levam à completa exaustão, só me resta pensar que você carrega a força do mal, devastando tudo que encontra pela frente. Até onde irei? Aonde chegarei escutando suas nobres verdades?

– Isso tudo que vive agora é para que você tenha uma vida mais integrada, mais inteira. Não é no isolamento de um templo que irá encontrar sua plenitude, a busca do Ser traz o ter como consequência, não há necessidade de desprezo aos bens materiais e às coisas boas da vida. Há uma enorme diferença entre o possuir possuindo e o possuir possuído, você tem de aprender exatamente essa diferença, além de aprender a viver dentro de um propósito espiritual. Retorne para casa, tudo irá ficar mais claro para ti. O caminho mais fácil quando se vive o que você vive é o de ficar preso em um templo, mas o seu caminho não é o mais fácil, o seu caminho é buscar essa integração entre mundos. Não é com o isolamento do templo que você irá buscar sua inteireza. Aprender a viver o espiritual em equilíbrio dentro da sua proposta existencial, esse é o caminho.

– Sim, não há outro caminho mesmo, preciso retornar para casa. Na forma literal dessa representação, lar, casa e retorno; tudo o que mais necessito agora.

– Você está vivendo um processo, muita coisa ainda tem pela frente.

– Quer dizer que ainda tem mais, que devo estar preparada para mais infortúnios?

– Quero alertar que é um processo e que ele ainda não findou, pois terá seu fim com a completa assimilação do todo em ti, vertendo daí toda a paz e o amor. Este é o tesouro da caminhada espiritual: cessa o querer, o desejo e as indagações e brota do silêncio do Ser apenas o que é, simplesmente porque é. Por hora, caminhe com fé.

– Você dissolve minhas verdades e pede para que eu caminhe com fé. Por certo não enxerga minhas angústias, frutos desse encontro. Tudo sucumbiu ao meu redor, estou completamente só. Amargo minha solidão humana, incompreensão por todos os lados, amargo é o gosto da vida que se foi.

– Não lhe trago promessas de facilidades, lhe trago a verdade, sempre lhe falei isso. Viver uma experiência mística é o mesmo que encontrar o nada?

– Reconheço que é o oposto do nada é ver tudo, e tudo por todos os lados sendo a manifestação direta de Deus e sua criação. Não há nada aqui nesse lugar, pois floresce o tudo a todo instante, sendo ele próprio a representação do Supremo na sua mais clara forma de Ser. Tudo a todo instante sendo o que sempre foi, a forma perfeita e mágica de toda a criação compondo novas e ricas melodias. Isso reveste a todo momento o Ser que mergulha dentro do Si e contata ali a fonte poderosa da vida.

– Ainda vê em mim a faceta do mal?

– Apenas vejo que imersa nessa sua verdade dispo-me de tudo que um dia sonhei, da vida que construí ao longo de minha existência. Não tenho mais nada, estou despida de tudo.

– Esse é um ponto central dessa caminhada. Ao despir-se completamente de tudo se conquista a possibilidade de se ser livre por inteiro. Essa é a maior conquista humana, a verdadeira liberdade, em que abandonamos completamente a caverna.

– Liberdade! O que vejo é que perdi tudo, absolutamente tudo. Tanto material, quanto sentimental, foi uma limpeza completa na minha vida.

– Perder para ganhar, grande verdade da vida. Muitos não reconhecem isso e teimam em prender, reter, possuir. Isso aprisiona completamente o Ser que por esse caminho segue. Do lado de cá do muro é preciso aprender tal verdade, é preciso viver de acordo com algumas verdades absolutas dentro delas, é preciso ter o entendimento de que não se alcança a liberdade tendo apegos. Você é livre agora, e para a conquista dessa liberdade foi fundamental o desapego.

– A liberdade de verdade pode ser uma das coisas mais assustadoras que existe, o que fazer com ela?

– Escolhas.

– Confesso que estou meio perdida. Pensei que a escolha da vida religiosa fosse meu caminho, talvez a melhor forma de dar forma ao que vivo.

– A vida religiosa não é e nem nunca foi o seu caminho, esqueça isso. O caminho é de integração completa, mundo espiritual e mundo material em completa harmonia, esse é o seu propósito. Você tem tudo que precisa para continuar, precisa entender a diferença entre religiosidade e espiritualidade, signifique isso na sua vida. Vive-se um tempo que muito se fala em espiritualidade, mas você deve identificar a raiz do verdadeiro significado e da representação dessa palavra na vida das pessoas. Afinal, o que realmente significa dizer viver uma vida espiritualizada? Estaria essa vida relacionada com alguma religião ou religiosidade? É preciso antes de tudo entender que a espiritualidade é uma dimensão da pessoa humana que traduz um modo de viver característico de um ser humano que busca alcançar a plenitude da sua relação com o transcendental ou com o cosmos. É possível pensar que a espiritualidade traduz uma dimensão do homem que constitui implicitamente a sua mais profunda essência e aspiração humana por estar relacionada ao universo do coração. Advém daí a força e a coragem para o enfrentamento das adversidades impostas pela vida. É o sopro que anima a vida em busca das verdades ocultas por toda a infinita gama de ilusão e de distorção que se faz presente na vida moderna. O ser humano se vê hoje inserido em rotinas ruidosas e ilusórias que prendem sua atenção, desviando o olhar do que realmente é significativo e essencial à evolução humana. Tendo tantos desvios frente a si, o questionamento que brota é: como, então, manter o foco no que realmente faz vicejar em uma vida plena e realizada? Em vista a todas as armadilhas ilusórias do que deve ser uma vida plena e satisfatória, a resposta que surge é: abra espaços em seu olhar e busque novos enfoques, permitindo que a vida renasça nova em cada amanhecer, eliminando as chamas ardentes do julgamento e de uma vida atribulada em meio a falsas ilusões do que se deve Ser. Com o cessar da linha extenuante das verdades impostas, abre-se os olhos para o que de fato importa na vida, alinhando uma nova possibilidade de consciência, abdicando do que deve ser para assimilar o que é. Em muitos casos, é comum pensar que uma religião tem a força e a missão de salvar, contudo, é dentro da pessoa que reside a luz que cura as feridas. Com toda a certeza, a espiritualidade é o caminho que permite que essa luz se acenda renovando pensamentos e aliviando tormentos. A espiritualidade, então, vem para dizer: deixe de lado falsas premissas de que o bem e o mal residem fora. Sim, eles estão dentro, nos pertencem e a nós resta a ousadia e a coragem de lidarmos com eles. Sem projeções, ao investigarmos a luz da verdadeira consciência, saberemos que a partir dessa perspectiva, da análise real dos fatos, é que reside o portal para uma vida honesta, digna e realmente feliz. Desejar uma vida perfeita é sofrer nas tramas perigosas da desilusão. O ser humano é um ser faminto em busca de algo que não sabe ao certo. Enquanto não lançar mão das falsas e acorrentadas ideias a respeito da felicidade, não conseguirá ser honesto consigo mesmo e viverá igual a mariposas em busca da luz. Viver espiritualmente é reconhecer-se imperfeito e incompleto e, nessa ânsia, buscar sua completude na divindade de quem verdadeiramente é. Viver espiritualmente é se reconhecer em toda a vasta gama de possibilidades, sem julgamento e sem ilusórias comparações. É, sim, se ver como um ser de possibilidades, um ser vivendo uma vida com vastos recursos e se saber conhecedor deles, dispondo, assim, do bom uso do seu poder pessoal. Neste momento você tem a ti em sua dimensão mais profunda, é tudo que precisa para seguir adiante.

– Vida nova!

– Sim, vida nova, retorne ao lar, chegou a hora da descida, ao seu encontro, você é adicta da luz que a tudo inebriou. É chegada a hora de abandonar Deus e voltar à vida. Agora retorne, não é fugindo da sua vida que você irá se encontrar, não é fugindo do mundo, é estando nele buscando ficar o melhor possível. É como construir uma casa: primeiro precisamos de um bom fundamento, e somente quando ele estiver bem firme e forte poderemos pôr mãos à obra e começar o alicerce do muro de forma firme, aos poucos, vão surgindo pilares e paredes. Sem uma fundação boa e firme não há construção que resista, neste momento estamos em construção da sua nova casa interior. Entenda que quando há um investimento verdadeiro na mudança interior, brota o impulso para mesclar-se ao profundo do mundo. Dessa mescla harmoniosa floresce a completa e inteira sintonia com a luz, em uma melodia perfeita, em profundo equilíbrio, e renasce com suavidade, entra completa e integralmente no ritmo do pulsar do coração, acolhe no Si mesmo o manifesto, reconhece e aceita quem se é, sendo capaz de compreender que é diferente dos outros, mas ao mesmo tempo tão igual. Assim, sutil e mansamente vai apenas liberando o que é, desabrochando suavemente e, nesse movimento ascendente, você irá ver germinar a mudança em conformidade com a vida que renasce na suavidade e na beleza do pulsar sereno do coração desperto. Portanto, é hora de exercitar a descida que irá acontecer quando você se apropriar da sua vida novamente. Então, agora apenas siga a marcha e em marcha...

Suave pode ser a vida... Quando dela retiro todo o néctar
Quando nela componho minha própria sintonia
Quando nela escrevo meu conto
Quando sinto a conexão em todos os cantos
Quando não tenho grandes ambições, nem loucas pretensões
Quando conservo o olhar sereno...o coração em paz,
Ouço tudo e tudo que ouço me fala do todo
Suave pode ser a vida...
Quando o sim é maior que o medo do tudo
Quando as armadilhas se tornam conhecidas, próprias do que se é
Quando a vitória se perde no horizonte, ganha-se a caminhada

Quando o importante não é onde nasce ou morre o arco-íris, e sim o encanto das suas cores, o mistério da sua existência, a beleza de ser o próprio espetáculo

Quando conservo e preservo a inocência de tudo que enxergo
Suave pode ser a vida...
O mais belo espetáculo, início, meio e fim indeterminados
Lança que fere quem nela não se lança
Quem dela se compadece
Quem nela agarra-se
Suave é a vida, porque a vida pode ser suave!

Capítulo X
Espiritualidade, religião e a experiência do divino

O inconsciente é a única fonte disponível de experiência religiosa. Isso, certamente, não é dizer que o que nós chamamos de inconsciente seja idêntico a Deus, ou que se coloca em seu lugar. É apenas o meio pelo qual a experiência religiosa parece brotar.
Jung, 1957, p293.

Muito já se falou até o momento sobre essa busca e jornada espiritual. Contudo, na tentativa de mais clareza e discernimento ao tema proposto neste estudo é que busco nas palavras de Grof uma orientação que possa dar mais luz a essa caminhada. O autor salienta que o termo espiritualidade deve ser reservado para situações que englobam experiências pessoais de certa dimensão da realidade, as quais trazem a vida do Ser à existência de uma qualidade numinosa. Essa experiência, na visão de Jung, indica o caráter com que uma coisa é ignorada ou ainda desconhecida, e surge como uma força que, ao ser acionada, fascina a consciência do Ser. Assim, associaremos a categoria do numinoso à experiência que a consciência faz daquele de si que é o inconsciente. Nesse ponto, estamos nos referindo a uma experiência que parece sagrada, pura e fora do comum, definida até agora como a representação e a definição dos momentos vividos na crise da Emergência Espiritual. Portanto, indo ao encontro do pensamento desses dois autores, é possível inferir que a espiritualidade é algo que propicia outra dimensão à vida do Ser, explorando novos territórios no campo da consciência humana, onde irá desencadear uma nova e transformadora relação com o universo.

Assim, é descartada a necessidade de uma estrutura formal ou religiosa para revelar esse aspecto humano, pois a relação se apresenta de forma direta com a fonte.

A religião aparece como uma forma de atividade grupal e organizada e muito bem estruturada, na qual há a possibilidade de alcançar a verdadeira espiritualidade. Contudo, a verdade é que nem sempre ela será alcançada. Os caminhos apontam, mas sintonizar o passo na caminhada nem sempre é possível, pois essa relatividade está diretamente relacionada com a forma e o contexto oportunizados para a descoberta pessoal das dimensões numinosas da realidade. Vários e distintos são os caminhos traçados, mas a chegada ao ponto central irá depender sempre do peregrino.

De acordo com Maslow, a cisão que se estabeleceu entre corpo e mente, humano e divino e maldades ao humano, dentro de uma realidade vigente que lança o bom para fora do indivíduo e assumindo o aspecto de que fosse algo sobrenatural. O autor fez duras críticas às instituições religiosas como algo a impedir a evolução humana e espiritual. Segundo ele, o materialismo espiritual é capaz até mesmo de estagnar e bloquear tal processo. Maslow ia mais a fundo ao afirmar que também a ciência é desvinculada de valores humanos, e por isso mesmo é incompleta para humanidade. Sua percepção de Ser humano implicava em uma completa unidade corpo e espírito.

Ao contatar as ideias de Maslow, vamos ao encontro da percepção de que, quando o processo terciário emerge e a pulsão de transcendência ganha espaço na expressão da psique, afloram também as metanecessidades e a profunda sensação de conexão com o todo, refletindo e fazendo aparecer valores humanos positivos como solidariedade, beleza e êxtase, e a própria espiritualidade se torna presente do desenvolvimento humano. Assim, o princípio da transcendência cria possibilidades de relações mais amorosas, solidárias e harmoniosas, conduzindo na direção da unidade. Maslow muito nos disse a respeito de experiências além do estado de vigília; vem dele uma vasta e rica explicação para fenômenos mais profundos da psique humana. Na busca da psicologia Transpessoal pela síntese do REIS, razão, emoção, intuição e sensação, encontraremos a base que deve ser integrada e equilibrada harmoniosamente no Ser, possibilitando nascer, assim, os verdadeiros valores existenciais. No entanto, há a noção de que, ao haver o bloqueio ou a estagnação dessa pulsão, iremos também ver os sintomas e a patologia desenvolver-se. Devido à importância dessa pulsão para o desenvolvimento saudável e mais pleno do ser humano, podemos apontá-la como o objeto de estudo e pesquisas da abordagem transpessoal.

Retomando o que Jung nos explica como a função transcendente, entendida como o motor de transformação, pois carrega em si os conteúdos inconscientes e conscientes opostos, sabe-se que a partir dela teremos a oportunidade de chegar a uma nova e mais completa leitura do mundo, e, nessa profundidade, iremos ver transformada a própria imagem de si. Assim, é possível ter experiências que a psicologia junguiana vê como símbolos do *self*, a experiência numinosa, a qual quebra completamente as formas usuais de compreensão da realidade, libertando o Ser que está submerso para ver emergir o Ser na sua inteireza e completude.

Ao aprofundarmos o estudo proposto aqui, podemos apontar que, na perspectiva da Psicologia Transpessoal, a espiritualidade floresce como ponto central no desenvolvimento do ser humano. Isso acontece pela plena compreensão de que a espiritualidade pode ser vista como parte da própria biologia subjetiva. Mesmo que haja o afastamento e que muros sejam construídos, o certo é que ela é inerente ao Ser humano, uma capacidade a ser despertada. Assim, entende-se que para a Psicologia Transpessoal a espiritualidade é completamente apreendida e assimilada no momento em que encontramos um sentido mais profundo na existência. Essa escola abre portas e possibilidades para o viver de forma mais plena e congruente. Aprofundarmos o olhar na direção do que vem a ser o Ser humano é também ter a certeza da força que envolve a necessidade de transcendência, força que destacamos como movimento propulsor do desenvolvimento espiritual. Há uma necessidade evolutiva que é inerente ao ser humano, a qual verte de forma fluída por meio do Ser. Ao permitirmos contatar essa força em nós veremos completamente transformados o relacionamento interno e externo, e para muito além dele, força essa que conduzirá uma estrada abrindo passagem para além do ego.

Na visão holística, experiências dessa natureza ultrapassam toda a dualidade, percorrendo a trilha para alcançar o momento que se dá uma integração entre pessoal e transpessoal, promovendo a superação das barreiras do mundo relativo e o absoluto. O fruto da jornada desabrocha como uma atitude profunda de compreensão e, dessa compreensão, teremos um total estado de abertura que impulsionará o desenvolvimento completo de um amor equânime, incondicional e universal. A visão holística permite uma forma unificadora dessas experiências reveladas pelas mais diversas culturas. Desse modo, é possível encontrar várias terminologias, tais como: samadi, nirvana, satori, reino do Pai ou dos Céus, fana, experiência mística, experiência transpessoal, experiência transcendental, consciência cósmica e êxtase. O processo subjetivo é similar. Os caminhos são diversos, porém, o resultado encontrado nessa vasta gama de possibilidades é muito similar, e visa sempre a maior integração do Eu.

É possível fazer uma comparação dessas experiências com uma visão oriental, já que podemos afirmar que o estado transpessoal é definitivamente idêntico em todas as tradições espirituais. O alcance de um estado incondicionado, como já citado, não está vinculado às diferenças culturais. Assim, podemos fazer uma ponte entre o processo de individuação com o momento Satori, ou seja, a iluminação, tão bem apregoada pelos orientais e tão distante dos ocidentais, justamente por desqualificarem e não terem a compreensão das vivências profundas da psique humana. É por isso que se torna possível a afirmação de que na visão oriental teremos a melhor compreensão desse fenômeno. Buscamos em Jung a constatação de que a psique inconsciente é comum a toda humanidade, e seus conteúdos podem não se apresentarem à consciência, mas é inegável que existe uma predisposição latente. Experenciar seus conteúdos e, assim, ter a justa clareza de reações que se apresentam similares, muda a cultura, muda o contexto, mas a essência humana é única em sua busca pelo incessante desenvolvimento evolutivo. Por isso afirmamos que o transcendental é universal e similar.

Ao aprofundarmos o olhar para o que os orientais denominam de satori, veremos a similaridade do processo em si. Ele é compreendido como uma ruptura da consciência condicionada, limitada ao ego, repleta de ilusões, impurezas, conteúdo mental ali depositado. Somos humanos e, nessa aventura humana, somos o reflexo de uma construção a qual, em muitos casos, aceitamos como verdade. Sem questionar ou ir além, nos tornamos vítimas desses costumes, das tradições, das culturas e das crenças adquiridas durante toda a vida, ou seja, nos tornamos adormecidos e presos dentro do sistema. É por isso que experiências desse nível apresentam valor infinito no desenvolvimento evolutivo, a imensa riqueza supera toda a dúvida e incerteza da caminhada, direciona ao centro e, desse centro, surge no ser a força para ir além e superar as adversidades e obstáculos que se apresentam, pois são exatamente dessas adversidades que brotam a força para ir ao encontro do essencial, isso representa viver o sartori que irá promover o ganho da consciência indivisa, ilimitada, além ego, sintonizada diretamente com a fonte da vida e, estando conectado a essa fonte, a visão se torna abrangente e totalitária, em contato profundo com o si mesmo, criando espaço para a dança perfeita na melodia do ser absoluto e, nesse ritmo, teremos a noção do amor como a representação mais pura da vida. Na conquista do equilíbrio entre inconsciente e consciência, o ser humano é despertado para viver na mais completa comunhão com Deus. Percorrer essa trilha é ver brotar novos valores. O olhar ganha luz e enxerga muito além da matéria, e, nesse caminhar, une pontos harmoniosamente para a integração plena do existir.

Nesse sentido, podemos constatar que viver o satori é ter maior capacidade de integração, indo no rumo do coração, dentro do campo da transcendência das polaridades, e absorver o infinito em Si, chegando ao que podemos denominar como a consciência indivisa, integral, no mais completo equilíbrio com os seres, com a natureza e com Deus. Nesse aspecto, há a relação direta com todo o estudo apontado por Jung.

A partir desse estudo, trilhando tal caminhada, vendo as diferenças e similaridades, as contradições e oposições, é possível chegar a uma compreensão do elo fundamental que une ciência e espiritualidade. Seguindo nessa trilha de integração humana, veremos surgir o Ser na sua mais ampla forma em comunhão absoluta como o todo. Esse todo integrado fará brilhar completamente a estrela luminosa que une pontos, que transcende polaridades em prol de algo superior, é aqui que acontece a conexão entre ciência e espiritualidade, aqui ela ganha voz.

Nessa explanação teórica, passamos por pensamentos de diversos autores, cientistas, pensadores e teóricos que dedicaram a vida na busca de um entendimento mais completo do que vem a ser o ser humano em sua trajetória espiritual. Percebe-se que os caminhos para o desenvolvimento do Ser em sua plenitude e totalidade são diversos, que as mais diversas religiões conduzem o ser humano a esse religar com o supremo. Transitando por culturas diferentes encontramos o mesmo Ser que busca incansavelmente a oportunidade de um viver mais autêntico, em maior sintonia com as grandes verdades da vida. Na visão científica, bebemos na fonte da sabedoria da Psicologia Transpessoal, que hoje está mais apta a acolher, a entender e a integrar o Ser Humano que floresce nessa nova era, a era da consciência. Ainda muito temos que caminhar até chegar o dia de ver o sol inundar consciências. Os caminhos são diversos, as formas infinitas. Cada ser traz consigo a semente, aguardando o tempo exato para despertar e fazer desabrochar a vida sem barreiras, sem bloqueios, a vida em todas suas possibilidades.

Capítulo XI
O Renascimento

Sou eu próprio uma questão colocada ao mundo e devo fornecer minha resposta; caso contrário, estarei reduzido à resposta que o mundo me der.

Carl Gustav Jung

Abro lentamente meus olhos tentando entender o que estava acontecendo. Eu estava certa de que havia literalmente morrido. Afinal, eu não acreditava que depois de ir tão longe eu pudesse retornar, parecia completamente impossível a ideia de estar viva na carne. Olho para o lado e vejo que tem uma moça deitada na cama ao lado. Questiono:

– Eu morri? Isso é a morte?

– Sinto em lhe dizer que não. Você parecia morta quando chegou, mas agora vejo que está bem viva.

– Não pode ser, não acredito. Eu morri, estou certa disso.

– Não sei o que posso fazer para que acredite que ainda está viva. Está em um lugar pouco agradável, essa é sua realidade.

– Então, estou vivendo um pesadelo.

– Podemos pensar que sim, tudo dependerá de como você enxergar. Isso aqui pode ser o maior pesadelo humano, sim, concordo contigo.

– É um pesadelo, não posso estar aqui novamente. Na mesma cama e no mesmo quarto. Não, isso não existe, vou acordar a qualquer momento.

– Acorde e veja, olhe bem ao redor. Você está viva e dentro de uma clínica psiquiátrica.

– Meu Deus, não posso acreditar nisso. É demais para minha compreensão, não faz sentido.

– Sinto desapontá-la, mas essa é sua realidade agora. Por mais triste que pareça, é nela em que está vivendo.

Aos poucos vou clareando minha visão. Olho ao redor e percebo que conhecia muito bem aquele local. Por isso eu não desejei sair de onde estava para buscar compreender mais nada. Eu já estava cansada, já havia buscado demais, compreendido demais, me transformado demais. A única verdade é que eu estava naquele mesmo quarto e novamente na mesma cama de Procusto. O que parecia a maior das coincidências, para mim, era algo difícil de acreditar. Era a terceira vez que eu vivia tudo aquilo. A menina levanta-se, e deixa o quarto dizendo:

– Vou lá falar com meu médico, já volto, fique bem.

Logo escuto a voz do eterno em mim:

– O mesmo quarto, mas agora você é diferente, levante-se.

– Não desejo levantar daqui. Já vi tudo, não quero mais saber de nada, deixe-me em paz. Veja onde eu venho parar ao seguir seus passos; preciso viver o que de mais infernal há no mundo? Não posso acreditar que estou aqui de novo, no mesmo lugar onde tudo começou.

– Bem-vinda à vida! A vida nos alcança em eternos movimentos circulares, oportunidade única para darmos fechamentos a esses círculos da vida.

– Não me venha com seu irritante humor. Como acha que me sinto estando novamente aqui? Eu estava certa de que havia morrido, e até aliviada com essa possibilidade, assim eu teria descanso, ou quem sabe minha paz. A única pergunta que me ocorre é: até quando precisarei deitar meu corpo nesta cama?

– Deitará seu corpo nesta cama até a completa assimilação do processo. Você vive o que chamamos em alquimia de operação *mortificatio*, que é o mesmo que matar, mortificar, é a operação que antecede a integração dos elementos da psique. Ela aponta o caminho do retorno, da ressurreição e do crescimento da psique. É o que chamamos da hora de o espírito se libertar da matéria.

– Nem sei se desejo entender mais alguma dessas suas nobres verdades que a mim apresenta. Penso que já vi tudo, já passei por muitas experiências e agora não desejo mais saber a respeito de nada, dessas sincronicidades todas. Deitada na mesma cama, isso não parece possível, é muita além da minha compreensão.

– Você está no lugar exato que precisa estar para dar andamento ao seu processo evolutivo. Agora vá.

Encontro uma pessoa no corredor. Minha maior indagação naquele momento era sobre o dia.

– Que dia é hoje?

– Dez de dezembro. Você está bem?

– Sim, estou, obrigada.

Percebo que eu havia ficado três dias desacordada e que tudo havia começado novamente no dia oito de dezembro. A única conclusão a que chego é que eu estava sofrendo do maldição do 8; todas as minhas experiências de alteração de consciência aconteciam nesse dia. Resolvo procurar o médico chefe do local, que me acompanhou desde o princípio, na primeira internação. Chegando à sua sala, ao me ver novamente ali, ele rapidamente indaga:

– Quando vai acabar seu processo, Clezelda?

– Boa pergunta! A única coisa que sei é que isso tudo é maior do que eu.

– Isso tem de ter fim.

– Viver tais experiências é algo muito maior do que eu, não há como prever ou tentar controlar, simplesmente tudo isso acontece por mim e para além de mim.

– Depende de ti, da sua vontade superar.

– Eu sei, depende de mim e também do mundo espiritual, sou completamente envolvida por isso.

– O que aconteceu dessa vez?

– Fui tomada pelo espiritual, foram horas de manifestações paranormais e orientações, fiquei imersa nesse mundo.

– Seu mundo é esse aqui, essa é sua realidade e é nela que você tem de viver.

– Sou consciente de que preciso aprender a lidar com a realidade que se abre para mim sem me deixar queimar completamente. O ponto de equilíbrio é o que almejo, é para isso e atrás disso que levo minha vida. A mim não me agradam essas internações, eu não gostaria de estar aqui, vivendo tudo novamente, mas preciso encarar a minha condição humana e tentar melhorar o quanto antes.

– Como você está se sentindo agora?

– Sinto que estou mais perto do sol do que das trevas.

– Por que fala isso?

– Porque já vivi o bastante para saber algumas coisas, sinto que estou me aproximando do fim.

– Mas o que a faz pensar isso?

– Já enfrentei muitas coisas nesses últimos anos. É como se eu tivesse a chance de renascer com essas experuências todas, estou tendo uma nova chance. Sou uma pessoa diferente agora, quem eu era morreu completamente. No entanto, estou muito apreensiva por estar aqui de novo. Agora somos só meu filho e eu, e ele precisa de mim. Não posso ficar trancada aqui, tenho minha agenda lotada de compromissos.

– Neste momento você precisa descansar, já conhece bem as regras, basta que as siga e aproveite o tempo que terá aqui para refletir sobre sua vida e tudo o mais.

– Regras do local... Então, estou novamente incomunicável, não tenho o direito de saber nada do que está acontecendo do lado de fora? Preciso saber do meu filho, estou incomunicável, é isso?

– Exatamente, é do que precisa agora.

– Também estou proibida de sair para o banho de sol?

– Sim, por enquanto, sim.

– Também estou proibida de sentar ao lado dos demais pacientes?

– Isso depende de ti. Estabelecemos esse limite para sua proteção, para sua segurança, considerando a outra internação.

– E devo aceitar ser completamente dopada?

– Você receberá a medicação necessária para que tudo fique bem.

– Ou seja, estou revivendo o meu maior pesadelo? É só disso que preciso saber.

– Por algum motivo você foi trazida para cá. Aqui você sabe bem como as coisas funcionam, não há novidades.

– Sinceramente, o que você acha do meu caso? Que sou um caso perdido para psiquiatria?

– Acho que você tem a respota... Você acha que é um caso perdido?

– Às vezes acho que sou tratada como um.

– Pois o que precisa fazer é simplesmente descansar e tentar ficar bem, o melhor possível.

– Como você entende a parte espiritual que vivo por meio do seu estudo?

– Clezelda, você já tem essa resposta, já falamos que seu caso é um caso clássico de Transtorno Bipolar. Apenas aceite e tente viver com isso, não fuja mais, não dificulte mais as coisas para ti. Imagino que sua vida não deve estar muito fácil, sei que passou recententemente por um divórcio, isso deve ter mexido muito contigo e talvez por isso você esteja aqui mais uma vez.

– Acha que estou aqui por causa de meu divórcio?

– Provavelmente.

– O divórcio era a única possibilidade de saúde para os dois, estávamos vivendo em mundos separados. Tenho consciência disso, foi necessário, eu diria até mesmo vital. Estou muito feliz por ele ter reconstruído sua vida com outra pessoa, desejo a eles a maior felcidade do mundo, portanto, isso não explica o que vivo.

– Mesmo assim, é muito difícil esse momento na sua vida, é um momento perigoso.

– Então tudo se resume a um Transtorno Bipolar? Devo engolir e aceitar isso e dar continuidade à vida a partir de uma perspectiva doentia da minha mente?

– Esse é o caminho, aceitar.

– Pois esse caminho não existe para mim, não aceito que tudo que vivo seja doença. É, sim, a possibilidade de cura da minha alma, a possibilidade de viver a luz em toda sua forma.

– É a sua forma de enxergar. A minha forma de enxergar é reconhecer o risco que sua vida está correndo, não há como negar. Está trabalhando?

– Mais do que nunca. Preciso trabalhar para me sustentar, agora sou sozinha, dependo unicamente de mim.

– Como consegue com tudo que você vive?

– Simples, a doença mental incapacita para o trabalho e a Emergência Espiritual capacita. A consciência de vigília é preservada, o que há é uma abertura para outros níveis de consciência. Cada dia vejo melhorar meu trabalho na clínica, estou mais aberta e receptiva para realmente ajudar a quem me procura. Esse mergulho em mim abre possibilidades para um viver mais autêntico, e isso me faz uma pessoa melhor e uma profissional muito mais qualificada. O inconsciente não é mais um lugar desconhecido para mim. Conhecendo meu próprio inconsciente percebo muito mais facilidade para desvendar os mistérios inconscientes dos meus clientes. Tudo fica mais fácil depois de viver isso tudo que vivi, ou que ainda vivo.

– Não esqueça de atentar para os riscos disso tudo.

– A vida de verdade exige riscos. Não é na comodidade da vida que vamos nos encontrar inteiramente, é nos desafios que encontramos a verdadeira possibilidade do vir a Ser.

– Então, peço que enfrente bem mais esse desafio, e tire dele o necessário para sua vida. Como se sente em mais uma internação psiquiátrica?

– Não tenho resposta a essa pergunta. Simplesmente preciso aceitar que estou novamente aqui, talvez brote daí a possibilidade de colocar fim a esse processo. Continuo sendo otimista, é a única coisa me resta, o otimismo e a fé, o resto já deixei pelo caminho nesse últimos anos. A única coisa que não posso perder é a fé, sem ela eu nada seria.

– É, talvez precise de muita fé mesmo, mas você também precisa assimilar o que a ciência lhe diz. Não desconsidere os estudos e tudo aquilo de que você já tem conhecimento por seres uma psicóloga. Você já sabe, não lhe falo nenhuma novidade, seus estudos lhe mostram e revelam tudo o que está passando.

– Pois de nada vale para mim essa ciência parcial, limitante e frágil diante da vida na sua maior concepção. Nego e abomino essa forma de enxergar o ser humano.

– Sinto que enfrentará muitos problemas, tanto na vida pessoal quanto na profissional, pois, se é psicóloga, você deveria ter clareza disso.

– Prefiro sempre seguir o caminho do meu coração, do que é mais sagrado para mim. Essa é minha forma de Ser e de entender o mundo. Levei muito tempo até entender a fragilidade da ciência, que nega o melhor do ser humano, o seu lado espiritual.

– Formas e pensares. Compreendo o que fala, mas você está aqui sabe bem como tudo funciona. Apenas siga as orientações, faremos o necessário para seu bem estar. Por hora é isso, qualquer coisa de que precisar estarei no hospital hoje.

– Você acha que ficarei muito tempo? Estou com agenda lotada de compromissos.

– O tempo necessário depende de ti.

A única coisa que eu desejava mesmo entender é a sincronicidade do 8 na minha vida. Logo sou chamada pela tão conhecida voz do eterno em mim:

– Está melhor?

– Minha cabeça dá voltas. Pode me explicar o que estou fazendo aqui novamente?

– Retornando a sua vida, fechando o ciclo.

– Fechando o ciclo?

– Sim, está na hora dos fechamentos.

– Meu Deus! Conhecer a ti e teus mistérios é arrebatador. Fiquei três dias desacordada do lado de cá enquanto meu espírito transitava livremente em outro plano, em outras dimensões, passando por vários estágios em algo que mais parecia um julgamento divino ou uma assembleia espiritual, algo inimaginável. Afinal, por que preciso viver tudo isso? Para que me mostram tanto? O que fazer com tudo que vejo do lado de lá? O que esperam de mim?

– A vida é para ser sorvida a cada experiência. Não se adquire experiência com teorias. Desejar a verdadeira compreensão da vida por teorias é o maior engano, viver é deixar a vida acontecer. Você está de volta e com a chance do verdadeiro renascimento. Quer saber o significado do 8 e de suas sicronicidades com seu processo?

– Por favor, explique-me tantas sincronicidades.

– O 8 é uma energia que nos remete ao equilíbrio, à força e à expansão, é o símbolo do infinito, está ligado à justiça, representa o dia da ressurreição de Cristo. O número 8 simboliza o mundo futuro, pois o 8 sucede o 7, número que representa o tempo; após a mutabilidade desta vida, simbolizada pelo 7, o oitavo dia é o do juízo. Integre o 8 como símbolo da ressureição e da regeneração. Entenda como uma benção e não como uma maldição. Portanto, hora da busca do equilíbrio, do renascimento.

– Aqui dentro?

– Comece onde está.

– Você é otimista ou bem-humorado.

– Não se trata de ser bem-humorado, apenas lhe digo que esse é o caminho. Estamos chegando ao final, estamos nos aproximando dos três anos desse encontro. Você precisava viver isso novamente, irá entender, logo verá o sentido disso tudo.

Retorno para o quarto aceitando um pouco mais a ideia de estar ali dentro de novo. A menina da cama ao lado volta-se para mim e indaga:

– Agoravocê acredita que está viva?

– Sim, estou novamente na Terra, não tenho mais dúvidas.

– Mas o que aconteceu contigo? Tentou suicídio?

– Não, é um pouco mais complexo que isso. E você, tentou?

– Não, mas por vezes penso que esse será meu fim. Vivo uma sensação de morte muito grande. Não sou compreendida por ninguém, estou desesperada, perdida.

– O que aconteceu contigo?

– Você não entenderia, ninguém entende o que vivo. Aqui pensam que sou louca. Às vezes chego a pensar que sim, estou completamente perdida.

– Mas o que você vive, afinal?

– Não adianta eu falar, você também não entenderia e eu voltaria para o meu deserto. Vivo em um deserto, o deserto da incompreensão, do medo, do desconhecido. Você não imagina o que é viver assim, ninguém imagina.

– Tente me falar, talvez eu compreenda. Sou psicóloga e tenho uma boa compreensão das questões humanas.

– É psicóloga?

– Sim.

– Mas como isso?

– Além de psicóloga, sou humana, tenho minhas questões também a serem resolvidas.

– Mas exatamente por ser psicóloga é que não irá me entender. Quando falo sobre o que vivo para minha psicóloga ela fica me olhando com cara de quem está me achando a mais louca do mundo. Ela não entende nada do que falo.

– Bom, existem diferenças, várias formas de compressão do ser humano, várias abordagens, e isso tudo é muito relativo. Se quiser, pode tentar me falar, talvez eu possa ajudar.

– A única coisa que posso dizer é que vivo em um inferno, estou perdida nele. Comunico-me com espíritos o tempo todo. Ninguém acredita em mim, acham que sou louca, mas sei que não sou.

– Entendo perfeitamente, sei como é.

– Sabe? Como?

– Tenho minhas questões espirituais também, e por isso posso lhe afirmar que sei exatamente do que fala.

– Sério? Posso falar contigo sobre isso sem ser rotulada, julgada ou massacrada?

– Com certeza, afinal, isso também faz parte do ser humano. Você tem uma capacidade, um dom, apenas precisa entender o que isso representa na sua vida para que possa viver bem com isso. É possível uma integração desses mundos, mas, para isso, é preciso que você seja entendida e acolhida. É preciso, principalmente, que você aceite e que isso se transfome em um canal no qual possa trabalhar, fazer o bem, usar a seu favor e, quem sabe, para ajudar outras pessoas.

– Isso é muito difícil. Recebo mensagens e vejo sinais o todo tempo, eles estão sempre comigo, sinto medo disso.

– Não há o que temer. Eles esperam algo de ti, tente aceitar e entender o que é. Veja qual é o sentido dessa comunicação, o conteúdo, o propósito, aceite essa capacidade em ti e tudo ficará bem. Quando eles nos alcançam, não há muito o que fazer, apenas fazer nossa reforma íntima e seguir em busca da nossa missão aqui na Terra. O primeiro passo é aceitar que isso existe, que não é loucura e que você poderá melhorar muito como ser humano se você se abrir para essa realidade, buscando sempre a superação das suas questões humanas.

– Falar é fácil, o difícil é viver isso tudo. Apesar de todos os tormentos, eu sinto também algo de positivo nisso, não tenho como negar.

– Eu não disse que é fácil, em muitos casos é muito difícil mesmo. No meu foi muito complicado, demorado e exigiu muito de mim, mas o ganho existe, é real. A integração da espiritualidade em nossas vidas possibilita um viver mais autêntico e feliz, mas antes devemos transmutar essa escuridão toda representada pelo medo, pela incompreensão, pela insegurança, pela incerteza, pela solidão e tudo o mais que representa viver isso que você está vivendo. O momento é difícil, eu sei, mas a dedicação e a vontade de superar devem ser suas companheiras.

Assim, o conhecimento sobre essas questões lhe dará discernimento e compreensão dos fatos; já a falta dele, lhe deixará no escuro.

– Entenda-me, é muito difícil não ficar no escuro. Olho ao redor e ninguém me ajuda de fato, estou perdida, é desolador e, às vezes, parece que sem saída.

– Sabe o que eu penso? A grande verdade é que em alguns momentos é preciso se perder para se encontrar de verdade. Talvez esse seja o seu grande momento, sua chance de ser uma pessoa mais inteira, mais plena. Sei que, para isso, em muitos casos, parece uma dura tarefa, mas tente mudar a sua percepção a respeito do que vive, talvez seja um grande presente de Deus para ti. Desembrulhe o presente, veja o que tem dentro, veja qual a utilidade desse presente, qual a melhor forma de utilização e, principalmente, seja grata pelo presente.

– Não sei como serei grata a tudo que vivo. É duro, faz um ano que que tudo começou, de lá para cá tudo mudou na minha vida. Nem sei se posso chamar isso de vida. Acho que sou apenas uma sobreviente, arrasto correntes e vivo com uma terrivel sensação de morte.

– As mortes fazem parte do processo de transformação e de abertura espiritual. Na verdade, mais parece um caminho de morte. Por isso compreendo perfeitamente o que você sente. É preciso ter a clareza de que se trata de morte simbólica, não de morte física, é importante fazer essa distinção. É como se partes suas precisassem morrer para que outras partes possam nascer, despertem para a vida.

– Tem certeza?

– Absoluta. É um processo de transformação profunda, uma abertura que está tendo, e, nesse caminho, precisamos enfrentar muitas mortes. É hora de olhar para dentro de ti, fazer um mergulho, buscar seu autoconheimento, buscar o Eu Sou no meio disso tudo.

– Como faço isso?

– Enfrentando a vida, entendendo que há um sentido nisso tudo, buscando ajuda adequada, de alguém que entenda o que você está vivendo.

– Mas aqui é tudo à base de remédios! Saio daqui com minha cabeça tão cheia de medicação que fico quase paralisada, sem força para enfrentar nada. É desesperador, e isso afetou toda minha vida, tive até de parar de trabalhar, estou muito enfraquecida.

– Entendo exatamente o que você diz, assim como entendo que há uma saída confiável para tudo isso. Você precisa encontrar o caminho e caminhar nele.

– Mas que caminho? Não vejo nada na minha frente, é desolador. Você vê algo de bom no seu caminho?

– Claro que sim, vejo muitas coisas boas. Foi um caminho pedregoso, mas hoje considero que saio vitoriosa dele por ter integrado esses conteúdos todos a minha forma de viver. Cada vez mais me sinto uma pessoa melhor.

– Mas você está aqui.

– Sim, estou, sei que é necessaário nesse momento estar aqui. É um tempo da minha vida que chega ao final, é uma morte o que vivo agora. Dessa morte simbólica nascerá um novo tempo e para isso eu precisei passar por algumas experiências. Não foram as melhores, mas aprendi com cada uma delas e me transformei completamente, acolhendo a espiritualidade em minha existência. Há um propósito quando o plano espiritual nos encontra nada é feito ao acaso. Eu tive de acordar para uma nova forma de vida, e isso leva tempo, e exige empenho, dedicação e muita confiança. É isso que você precisa assimilar agora, acolher esse presente e saber usá-lo da forma mais apropriada.

– Ouvindo você falar até parece fácil, mas não é.

– Não falei em facilidade, falei em desenvolvimento, aceitação, empenho, dedicação, superação e confiança de que você irá se tornar ainda melhor. Mude seu olhar, busque um novo enfoque, vá além do medo. Acredite que isso é uma capacidade que está adquirindo, assim, sua luta diminuirá e você conseguirá enxergar com mais clareza suas experiências.

– A única coisa que vejo é que preciso revolucionar minha vida. Não poderei seguir dessa forma, não acredito que isso seja vida.

– Isso não é vida, mas isso pode ser o caminho que lhe conduzirá à vida de verdade.

– Você tem um olhar otimista sobre essas questões. O que tenho encontrado até agora é muita desconfiança e o reflexo do medo em todos.

– Sim, faz parte também. O que percebo é que há um chamado para você fechar os olhos para o externo e abrir os olhos para o interno, temos nosso mestre interior, toda a sabedoria do mundo aguardando para ser despertada em nós. Entre em contato contigo, com sua sabedoria interior, e desse encontro verá surgir as respostas.

– Você está trabalhando como psicóloga?

– Sim. Vivo minhas questões espirituais e isso nunca impediu de seguir minha vida normalmente, é apenas um novo mudo que se abre para nós.

– Acha que posso ser sua paciente?

– Por mim não há problema algum, creio que conseguirei lhe ajudar, sim. Afinal estou sendo preparada para isso, me sinto pronta. Precisamos nos conhecer profundamente curando nossas próprias feridas para só então poder realmente ajudar a curar as feridas do outro.

– Ser entendida por alguém já é um alívio, nem imagina.

– Não só imagino como sei exatamente o que é isso.

– Não é acaso que está aqui e que nos encontramos.

– Não acredito em acaso, tudo tem sua razão. Será para mim um grande presente poder ajudá-la, acho que foi para isso que vivi tudo o que vivi, para poder ajudar outras pessoas que vivem algo semelhante. Sempre fui uma pessoa da prática, e precisei experenciar essa prática. Não foi fácil, mas hoje percebo que tudo valeu a pena, vejo o todo e desse todo resplandece a nova vida para mim.

– Só quem vive isso sabe como é. Eu já não sabia mais o que pensar. Acho que para ti foi mais fácil porque é psicóloga, e com isso você entende um pouco mais dessas coisas.

– Posso dizer que, por um lado, sim, ser psicóloga me ajudou a superar; por outro, atrapalhou, pois eu tinha verdades bem consolidadas que foram sendo desconstuídas ao longo da jornada. Foi duro, mas valeu a pena viver tudo isso e enxergar as coisas sob outro enfoque.

– Minha alma dá um suspiro de alívio como há muito tempo não dava. Sinto que o caminho se abre na minha frente.

– É apenas o começo da caminhada, uma longa caminhada, mas sei que ao final irá colher frutos saborosos, conheço bem o caminho!

Passei sete dias ali tentando integrar mais essa experiência em minha vida. Eu recordava tudo e minhas memórias traziam algumas experiências de fenômenos paranormais até eu ser completamente invadida por tais fenômenos, passando finalmente por algo que mais parecia com o julgamento divino. Neste momento, não havia mais medo do processo, havia, sim, a clareza de que minha jornada cósmica estava cada vez mais próxima a sua total realização em mim. Contudo, eu estava mais uma vez na mesma situação existencial, em uma delicada e sofrida condição humana.

Fui chamada pela médica para uma conversa.

– Como você está?

– Estou bem.

– Tem tomado a medicação?

– Impossível não tomar, estou chegando à conclusão de que necessito. Eu disse isso na esperança de ter minha alta o mais rápido possível e por finalmente ter entendido que minha luta era contra o uso abusivo da medicação. Eu estava ciente de que alguma medicação era necessária para melhor enfrentar uma situação como essa.

Justamente por estar um pouco mais consciente disso é que meu espanto é completo ao ouvir da médica:

– Mas se seu caso é espiritual, por que tomar medicação?

Pensei que devia estar passando por mais uma piada. Jamais pensei ser questionada quanto a isso em uma clínica psiquiátrica, muito menos nessa que eu já conhecia tão bem. Parecia o completo absurdo.

– Não acredito que você está me dizendo isso, não estou entendendo mais nada. Está me questionando quanto ao uso da medicação?

– Também não estou lhe entendendo. Se é espiritual, para que medicação?

– Talvez porque eu seja humana vivendo um drama espiritual e precise de alguma ajuda para passar por tudo isso.

– Clezelda, chegamos a uma conclusão sobre seu caso.

– É mesmo, e qual é?

– O melhor que você tem a fazer é procurar um tratamento psicanalítico.

– O quê?

– Exatamente isso o que ouviu, a psicanalise poderá lhe ajudar.

Sem mais palavras, levanto-me em direção à porta quando ainda escuto a médica falar:

– Volte, vamos terminar nossa conversa. Pode ser bom para ti.

– Acho que não, cheguei no meu limite humano. Preciso ligar para meu filho me tirar daqui, só isso.

Deixo a sala e direciono-me para o quarto. Pela primeira vez durante esse prolongado tempo de jornada cósmica, vivi o meu completo desespero humano; chorei muito, chorei desesperadamente. O enfermeiro, vendo meu desespero, tentou me acalmar, oferecendo ainda mais medicação. Eu só pedia para ser respeitada em minha dor, para que eu pudesse expressar tudo que estava vivendo, sem anestesia alguma. Eu só precisava chorar, foi uma completa limpeza da alma. Após isso, eu sentia em mim a serenidade e o discernimento para continuar de forma completamente nova. Eu sempre tive grande admiração por Freud, mas também estava certa de que jamais seria compreendida por meio de sua teoria. Com certeza ele explicava muita coisa, mas não uma experiência como essa. O inconsciente para mim era entendido como uma possibilidade, um caminho para a luz, e não como um porão escuro repleto de desejos sexuais. Fui invadida pela terrível sensação de não ser entendida por ninguém e fui projetada na mais terrível solidão humana. Decidi que não ficaria mais nem um dia naquele local, que nunca mais retornaria para uma instituição psiquiátrica, que definitivamente eu estaria encerrando um ciclo de minha vida.

Um pouco mais calma, escuto a voz do eterno em mim:

– Olhe para as pesadas grades na janela, chegou o momento de tirá-las de dentro de ti. Chegou a hora do recomeço, do renascimento. Aqui não é seu lugar, é hora da derradeira despedida da sua cama de Procusto. Você já aprendeu as lições, encontrou o caminho, a sua senda. Deixe aqui nessa cama e nesse quarto todo o medo e a incompreensão que encontrados no caminho. Leve apenas o aprendizado, as experiências que ajudaram a integrar sua forma de ser, vivendo experiências que, ao mesmo tempo que dilaceravam, também oportunizavam a transcendência, o ir além do que estava imposto para desnudar o oculto. Você não precisa mais dessa cama, ela é pequena demais para ti e não acolhe suas verdades. Ela deve apenas permacecer como um divisor de águas entre o corpo material e o corpo espiritual, entre a sanidade e a insanidade.

Internalizando aquelas verdades, peço para meus familiares irem até a clínica para me tirarem dali, para que eu finalmente voltasse à vida.

Ouço a voz do eterno em mim:

– Antes de partir, deve agradecer aos profissionais do local.

– Agradecer? Não fui compreendida por ninguém aqui. Por eles eu ainda estaria vagando no labirinto da escuridão humana, não tenho nada o que agradecer.

– Vá até a sala da médica e agradeça a todos, a toda equipe de profissionais que fizeram o seu melhor trabalho. Faz parte do fechamento desse ciclo na sua vida. Simplesmente agradeça por tudo que recebeu nesse local. Seja o mais verdadeira possível em seu agradecimento. Lembre-se: apenas agradeça.

– Sim, lembrarei das suas palavras em meu agradecimento.

Vendo que não tinha saída, direciono-me à sala da médica.

– Com licença, gostaria de falar contigo por um minuto. Creio que precisamos encerrar nossa conversa. Você dizia que chegaram a uma conclusão sobre meu caso, e que essa conclusão seria a de que eu deveria procurar um tratameno na linha psicanalítica.

– Exatamente, pense bem a respeito.

– Pois eu posso dizer que também cheguei a algumas conclusões após todas essas experiências que vivi.

– E quais seriam as suas conclusões?

– Sempre achei que faltava espiritualidade no olhar da psiquiatria e da psicologia na sua forma de entender o ser humano. Hoje vejo que eu estava errada, não seria uma simples falta de espiritualidade.

– Não? Seria o que, então?

– Minha conclusão é mais complexa, vem muito antes desse olhar lançado ao homem espiritual. Depois de tudo que vivi, vejo que o que realmente falta é humanidade, é desumano o que estão fazendo. A camisa de força medicamentosa é a coisa mais desumana e cruel que podem fazer ao ser humano. A visão mais bipolar de acolher o ser humano é essa, a indústria farmacêutica é a única a ficar feliz com essa realidade. Há um abuso nesse sentido, e minha conclusão é a de que o olhar da psiquiatria é completamente bipolar. Você deve saber exatamente do que estou falando. Enquanto o olhar do profissional não for na direçaão da unidade do ser humano, de uma perpectiva integradora, o resultado é uma verdadeira crise humana, com pessoas presas em suas armadilhas, reféns do seu próprio inconsciente, sem possibilidade de transcender a escuridão que também faz parte do ser humano, mas que deve também ser integrada para que a luz se faça presente em todo se esplendor. O que nós, profissionais da saúde mental, estamos, afinal, fazendo com os ser humano?

– Está dizendo que não faço bem meu trabalho?

– Estou dizendo que há limitações na forma de entender e de acolher o ser humano que vive seus conflitos emocionais, existenciais e espirituais. Não há visão do todo, há apenas a visão da patologia e da medicação, e isso é uma grande jaula que aprisiona almas, é o que penso.

– Pois posso lhe dizer que faço meu trabalho da melhor forma, que me preparei para isso, que foram anos de estudo e dedicação.

– Anos de estudo sobre medicamento, não sobre o ser humano. Você deve estudar mais o ser humano e menos a medicação. É isso que concluo após toda essa trajetória, após viver todas essas experiências. Não há saída viável para melhorar a condição humana enquanto não lançarmos um olhar abrangente às questões humanas, indo ao encontro de todas as possibilidades, ajudando o ser humano a se integrar, e não apenas ditando normas, regras e lançando diagnósticos rígidos e parciais. Isso é desumano.

– Você está me ofendendo assim.

– Alguma vez já ouviu falar em Emergência Espiritual?

– Não, nunca li nada a respeito.

– Isso faz parte do ser humano. Emergência Espiritual é algo que acontece, que deve ser entendido e acolhido como tal. É o despertar de uma dimensão humana, que leva o indivíduo a uma nova forma de ser no mundo, a uma possobilidade de transformação, melhorando seu eixo evolutivo. Como não sabe que isso também é possível? Se você estuda o ser humano, deveria saber que isso ancontece, concorda comigo? Há estudos que apontam esse caminho, não sou eu a dizer.

– Você deve saber o que penso a respeito, afinal, é psicóloga também.

– Sei, e por isso mesmo estou afirmando que é um olhar parcial, que não leva em conta o todo, as mais diversas possibilidades humanas. É na sombra que iremos nos encontrar, mas não podemos viver lá. Isso é o que muito ser humano está fazendo, preso na sombra, sem recurso interno para ir adiante. Sem suporte, sem apoio, ficam estagnados em seus processos e com a cabeça cheia de medicação, o que bloqueia o processo, bloqueia a vida. Não se pode temer o inconscinte. O que pude entender nisso tudo é que há grande temor em relação às manifestões inconscientes e isso é desolador. É lá que encontraremos o sentido maior da vida, é com a integração dessa força em nós que teremos a oportunidade de realmente Ser, lá habita o tesouro humano. Calar sua voz, sufocar suas verdades é o maior engano que podemos fazer.

– Isso é o que você pensa.

– Não, isso é o que vi e aprendi com as duras experiências que vivi. Isso é da minha prática, e não uma teoria distante, é uma experiência de vida.

– Não desconsidero suas experiências, mas não concordo.

– Não concorda com o quê? O que tem de errado na minha forma de entender tudo isso?

– Você está com um olhar muito negativo a respeito da psiquiatria.

– Meu olhar reflete tudo que vivi, tudo o que vi nessa caminhada, tanto da minha própria história quanto das diversas histórias de vida que vi aqui dentro. Acho que mais profissionais da saúde mental deveriam deitar na cama de Procusto para realmente entenderem o significado do que revela meu olhar. Há coisas que só aprendemos pela experiência mesmo. Minutos atrás me questionava sobre a necessidade de eu tomar medicação, já que meu problema seria espiritual.

– Sim, exatamente.

– Somos um todo, humano e espiritual vivendo a mesma experiência. O que vivi foi um chamado para avançar, que fez todo o meu sistema de crenças, valores e paradigmas viesse abaixo. Isso é motivo de conflitos, anseios, a nossa humanidade frente a isso reage com medo, com ansiedade. Somos lançados em um mundo onde tudo é revelado abruptamente. Por certo que uma pequena dose de medicação até pode ajudar para que o indivíduo consiga dar conta desse novo mundo. Afinal, nossa humanidade é limitada diante da grandeza espiritual que se abre bem diante dos nossos olhos. Não levanto bandeira contra medicação, não é isso, só não concordo com o que vejo aqui e fora daqui também. Creio que medicação é importante para quem passa por algo como o que passei. Durante esses quase três anos de jornada, passei dois anos sem dormir, dormindo apenas uma média de duas horas por noite. Viver o que vivi é ter a certeza de ser mexida em todos os aspectos da vida, pois tudo dá lugar a uma nova ordem das coisas. Claro que um pouco de medicação ajuda a passar por tais transformações de forma um pouco mais tranquila, portanto, acredito, sim, que é importante, mas não de forma indiscriminada. Hoje tenho certeza de que a medicação não é o único caminho. Atualmente durmo uma média de dez horas por noite, sabe por quê? Simplesmente porque estou conseguindo me equilibrar, domar minha mente, aquietar meus pensamentos e dar sossego a minha alma. O caminho que me levou a isso foi a meditação, sem ela eu jamais teria conseguido vencer essa intempestuosa jornada. Com ela temos a possibilidade do verdadeiro autoconhecimento. Ela proporciona a cura de nossas feridas, pois a verdadeira medicação está dentro de nós. O nosso remédio vem do autoconhecimento, esse é o caminho seguro para a libertação. No entanto, entendo que, em uma ideia capitalista de se ver e de se enteder as coisas, a meditação não entra como possibilidade real, pois não traz lucro a ninguém, somente ao ser que por ela se aventura. Resumidamente, o que posso dizer é menos medicação, mais meditação, esse é o caminho.

– Mas mesmo assim você está aqui novamente, posso pensar que ainda não encontrou sua cura, estou certa?

– Pense o que quiser. Apenas sei que está acabando, sei que o inconsciente é algo vivo em nós e que devemos aprender a ler suas mensagens. Ele tem sua própria história, não adianta brigar com ele. Devemos apenas integrar seus conteúdos em nós e apreender sua história, foi isso que fiz, é isso que tenho feito. Hoje tenho a certeza de que estou conseguindo vencer, saio vitoriosa da batalha com meu inconscinete e muito mais plena, mais humana, mais integrada. E quanto à questão de fazer tratamento na linha psicanalítica, agradeço a sugestão, mas sou uma terapeuta transpessoal, deverei seguir meu caminho nessa linha, serei congruente com o que acredito. E bem sei o caminho por meio do olhar da psicanálise, tenho essa compreensão.

– Bem, mas parece que sua terapia não está ajudando muito. Três internações, uma por ano...

– Não está ajudando sob a sua ótica, na minha está. Somente com o entendimento de outros estados de consciência é que posso ter uma melhor compreensão da minha história; somente com o estudo desses outros estados, além da vigília, é que teremos um apoio, um suporte necessário do ser humano em sua jornada para a integração.

– Gostaria que pensasse melhor a respeito, sua vida está sofrendo uma drástica transformação.

– Eu diria que estou passando por uma metamorfose, uma profunda transformação. Passar por isso implica em perdas, como ter de lidar com apegos, e em superar as nossas inferioridades e adquirir um novo olhar para a vida. As perdas são necessárias nesse processo.

– E o que faz a esse respeito?

– Aceito, deixo acontecer o que tem que acontecer, confio em algo superior. Em cada uma das minhas experiências sou banhada pela graça da criação, transito em outra dimensão de onde tiro a verdade da vida, do plano espiritual, de Deus. Entendo que para ti isso possa ser um grande absurdo, mas para mim é a experiência de luz, na qual nos diluímos no universo e passamos a experenciar o todo de forma direta, sem subterfúgios. Lá, no lugar sagrado, onde tudo é luz, minha consciência tem apenas de abarcar essa nova realidade que se abre para mim, esse novo mundo, um mundo brilhante e com possibilidade de plenitude, de um Ser mais completo e integrado ao todo. É apenas isso que vivo, assim vou desenvolvendo minha consciência no sentido de integrar esse novo plano completamente, sem mais arroubos, apenas deixando tudo isso acontecer. Esse mergulho em meu inconsciente me possibilita contatar toda inteireza. Sem isso não há caminho para viver integralmente, é preciso conhecer a sombra para ver a luz brilhar.

– O que eu sei é que você está aqui de novo, apesar da sua meditação, como entende isso?

– Entendo como necessário para meu desenvolvimento e minha evolução. Foram experiências que, por um lado, dilaceraram, por outro, me mostraram o caminho da transcendência. Sou grata à vida por pelas experiências que tenho tido, do contrário, eu ainda estaria adormecida. Posso pensar que as duras experiências me deram a oportunidade do despertar. Acolho e integro todas em minha jornada e sei que delas vem a oportunidade de ser uma pessoa melhor. Nada foi ao acaso, nada foi em vão, mas agora está próximo do final, da completa integração de tudo. Minha consciência já está preparada para viver um novo momento existencial, finalmente posso dizer que aprendi com tudo, tanto com minhas experiências de alteração de consciência, quanto com as vivências aqui dentro. Foi uma riqueza tudo que vivi, integro completamente luz e sombra em mim. Não há ressentimentos, não há medo, não há rancor, não há arrependimentos, há apenas um suave e profundo sentimento de amor por tudo que vivi, por tudo que experenciei. Sou a representação maior da gratidão, gratidão à vida por ter me mostrado tanto, gratidão a mim por ter conseguido superar a noite escura da minha alma e, principalmente, gratidão a Deus por ter me mostrado tanto e confiado que eu conseguiria acolher esse tanto em mim.

– Então, acha que chegou ao fim?

– Estou certa disso. Já aprendi tudo, já me transformei, já morri demais, agora quero viver de forma mais suave e com propósitos maiores.

– Falando assim parece outra pessoa, em nada lembra aquela pessoa que chegou aqui na primeira vez, cheia de rebeldia.

– Um pouco de rebeldia é necessário. Não dá para aceitar tudo sem questionar, sem buscar as próprias verdades. Precisamos acreditar sempre que podemos ir além, e para isso às vezes é preciso se rebelar. Sou uma nova pessoa, permiti que essa nova pessoa nascesse, abri espaço para ela mim. E a coisa mais certa que posso dizer agora é que a vida é perfeita, tudo tem sua própria ordem, nós é que somos muito imperfeitos diante dela, somos pequenos demais. Desejamos ter controle, domínio e, com isso, sucumbimos completamente, porque há algo maior, algo que acontece além da nossa vontade, além do nosso desejo.

– E depois de ter passado por experiências tão intensas, tão transformadoras como costuma dizer, após esses três anos de batalha, qual é a grande aprendizagem disso tudo?

– É preciso deixar morrer, é preciso deixar viver, é preciso aprender com tudo. Nada é porque é, tudo tem um propósito. Não adianta brigar com a vida e desejar dela o caminho mais fácil, pois nem sempre é assim, para mim não foi. No entanto, foi nesse caminho mais desconcertante, mais dolorido, que eu pude me encontrar, foi nesse caminho que encontrei a abertura para o eterno em mim, vi ele brotando, enquanto tudo ruía do lado de fora. A verdade está dentro de nós, é apenas uma questão de sentir, de acreditar, de confiar nela e abrir espaço para que ela se manifeste. Só assim iremos superar as adversidades impostas pela vida.

– É preciso muita resiliência para encarar os fatos dessa forma.

– E essa capacidade de ser resiliente, no meu ponto de vista, está em sintonia com a força espiritual. Quanto mais contato com essa força, mais capacidade de ir além, de significar a vida, de integrar as experiências.

– Espero que consiga superar tudo isso e realmente melhorar. Quero que entenda que fizemos o nosso melhor. Não queremos o seu mal, apenas que melhore e consiga ter uma vida satisfatória. Há momentos em que você transmite a ideia de que estamos em lados opostos, isso não é verdade. Estamos ao seu lado desejando sempre que você melhore, que tudo fique bem.

– Não estamos em lados opostos, não é isso, apenas seguimos caminhos diferentes. Gostaria de ser entendida também em minhas escolhas, a partir da minha forma de ver e de entender o meu processo. Hoje sei que não serei compreendida aqui dentro, que falamos idiomas diferentes, não há um ponto de ligação. Eu falo em saúde, vocês falam em doença, assim, colheremos resultados diferentes. Esse é um ponto de impasse e dele depende o caminho a ser percorrido, é nesse olhar inicial lançado a tais experiências que teremos resultado positivo ou negativo.

– Olho de acordo com o que vejo, com a realidade aparente.

– Eu olho de acordo com o que está implícito também, com o todo, com uma visão integradora. Nem sempre o que enxergamos revela o todo, é preciso ir além, buscar o latente, buscando sempre uma nova ordem, de forma abrangente e profunda. É fácil rotular, é fácil dar diagnósticos para buscar um lugar seguro de compreensão, mas o ser humano é mais do que isso. O fenômeno humano precisa ser compreendido em sua singularidade, somos únicos, diferentes. Penso que a representação das experiências humanas deve ser levada em conta a partir da sua perspectiva existencial. O ser humano necessita ser confirmado como esse ser único, vivendo uma experiência única, é assim que vejo a jornada humana.

– Pelo jeito ficaríamos aqui muito tempo e não sei se chegaríamos a um ponto comum.

– Talvez não mesmo, reconheço.

– Voltando para sua situação, para a sua verdade agora, e a medicação, então, vai tomar?

– O mínimo possível. Não tomarei lítio porque não acho necessário.

– Mas é indicado para seu caso, sabe disso.

– Sei o que vocês pensam, já entendi. Vou continuar do meu jeito, tomando o mínimo necessário para seguir, mas agradeço imensamente por tudo que fizeram por mim.

– Ainda acredito que a psicanálise poderá lhe ajudar ainda mais.

– Depois de tudo que conversamos, acredita mesmo que eu poderia seguir em tratamento com alguém que jamais ouviu a respeito de Emergência Espiritual ou crise mística? Será que você pensa que eu seria entendida e acolhida em minhas experiências por uma pessoa que desconhece completamente o tema?

– Já disse o que penso.

– Mais uma vez: acredito que você deva ler e estudar mais sobre o ser humano e deixar um pouco de lado o estudo sobre medicações. É tudo uma questão de olhar.

– Respeito sua opinião, siga o seu caminho e seguirei o meu.

– Mesmo assim gostaria de agradecer por todo esforço de vocês. Sou muito grata, profundamente grata, aprendi muito com tudo que vivi aqui.

– Esse é o nosso trabalho, não tem que agradecer nada, está tudo bem.

– Agora vou indo, vou me despedir da equipe de enfermeiros, eles foram maravilhosos comigo. Só não vou dizer "até a próxima" porque dessa vez não haverá uma próxima vez. Encerro aqui minha peregrinação nesta instituição. Já aprendi tudo o que precisava, não há mais nada a ser vivido por mim em uma clínica psiquiátrica, chegou o fim.

– Espero que sim, seja muito feliz!

Antes de partir em definitivo, deito meu corpo mais uma vez naquele leito à espera dos meus familiares, para que eu finalmente pudesse deixar para trás tudo que ali havia vivido. Eu deixava ali não só a experiência de internação como também todas as outras. Eu havia conseguido transcender a dor de estar em local como esse, vivendo a incompreensão humana, saboreando dissabores, bebendo o veneno da vida, eu havia, por fim, superado esse tempo. Em meus pensamentos vinham as lembranças dos momentos que ali passei, recoradações dos medos, das incertezas, da incompreensão. Aquela cama representava para mim um tempo de experiências que ficarão guardadas para sempre, ali havia os meus registros e eu a levaria comigo como a representação de um tempo difícil, provavelemente o mais difícil da minha existência. Ela representava o toque essencial, onde tudo desabrochou em mim. Deitar agora nela já não tinha o mesmo significado de antes, eu havia conseguido transcender seu simbolismo em mim para finalmente encontrar e resgatar minhas verdades. A voz do eterno novamente se faz presente em mim:

– Era apenas para agradecer, Clezelda.

– Eu não poderia perder a oportunidade de falar tudo o que penso, minha humanidade precisava disso. É hora de aprender comigo algo sobre humanidade, é isso que falta na vida, é isso que falta aqui, humanidade. Já aprendi muito contigo sobre espirtitualidade, agora aprenda um pouco sobre humanidade.

– Sua sorte é que não voltará mais para cá, do contrário, seria ainda mais castigada por revelar tais pensamentos.

– Não me importo com castigos, aprendi a suportá-los quando necessário. O que sei é que devemos sempre falar o que pensamos de forma clara. A comunicação verdadeira é o grande tesouro humano, simples e sempre necessária. Pode ser que ela nunca venha a estudar sobre emergência espiritual, mas, pelo menos, ela sabe que isso existe, já é algo.

– Muito bem. Agora nos encaminhamos para a operação *coniunctio*.

– O que isso quer dizer?

– A operação que conduz ao grande fim. A prima matéria após ter passado por todos os outros processos alquímicos agora encontra a oportunidade de ter seus elementos contraditórios reunidos, purificados. Nesse ponto o conflito dilui-se, perde força, e aqui nasce um novo tempo, o da unidade, ou seja, um ir muito além das polaridades. Após esse longo tempo de jornada você verá na linha do horizonte um novo dia nascendo. Chegar aqui foi nosso objetivo inicial, daqui partiremos sabendo que a escuridão foi transcendida e a sombra completamente iluminada.

– Devo ficar feliz, então?

– Vencer a si mesmo é a maior vitória que uma pessoa alcança. Sinta o sabor dessa vitória e viva completamente esse novo tempo. Um novo momento aponta um novo caminho. Despeça-se da instituição psiquiátrica, deixe aqui o velho mundo e entre no novo mundo como uma pessoa renascida. A extração da pedra filosofal que se encontrava inerte no inconsciente de dentro de todo o caos simboliza a libertação do espírito para viver na perspectiva da eternidade. Não há mais mistéiros entre nós, você acolheu em si a espiritualidade, aprendeu a vencer os anseios, os medos de viver nesse mundo. Hoje conhece sua representatividade na vida humana e isso lhe lança em um novo momento, com novos propósitos existenciais. A verdade foi revelada ao longo do trajeto e você conseguiu integrá-la a esse novo olhar.

– Só não entendo porque precisei ver tanto.

– Quando os véus são tirados, há a possibilidade de enxergar tudo da forma que é. Você tem a oportunidade de saber exatamente como é, diga-me como é o que enxerga.

– É simplesmente perfeito, a vida é perfeita. Beber esse líquido da vida é beber da fonte mais pura, da água mais limpa e renovadora, ela é a cura de todos os males.

– Sim, tudo é perfeito quando alcançamos a unidade. Entre nós não há mais oposição, não há mais entraves, há apenas a comunicação clara e precisa que faz a vida se encher de novas cores.

Após mais esse episódio, retorno aos meus compromissos profissionais. Eu já havia inserido a meditação em minha rotina, contudo, agora eu estava decidida a buscar meu equilíbrio, a harmonizar o divino e o humano em mim. Parei com minhas buscas teóricas e religiosas, eu precisava me encontrar, buscar o Eu Sou no silêncio da minha existência. Dediquei minha vida exclusivamente ao meu trabalho, à meditação e à organização de minha nova vida, a vida que desabrochava em mim repleta de liberdade e de novas possibilidades. Eu entendia que somente com a meditação eu iria alcançar meu propósito maior, que era manter a conexão harmoniosa e equilibrada com o outro em mim. Eram horas praticando à beira do rio. Fiz daquele lugar meu templo, onde eu encontrava tudo o que precisava para continuar, minhas conexões, minha comunicação com o mundo espiritual, meu contato com a natureza. Transformei aquele espaço na minha sala de terapia, construí mandalas na areia e dava forma a minhas experiências na areia, era meu templo sagrado. Fui, aos poucos, colhendo os frutos da caminhada, sentindo-me cada vez mais integrada e também mais conectada ao mundo astral. Não havia mais medo, ele foi se transformando na certeza de que sairia dessas expeirências como uma pessoa muito melhor e uma profissional mais qualificada e capacitada para entender o ser humano na sua totalidade.

Capítulo XII
Vivendo a Unidade

Cada momento de beleza vivido e amado, por efêmero que seja, é uma experiência completa que está destinado à eternidade. Um único momento de beleza e de amor justifica a vida inteira.

Rubem Alves

Mergulhar em uma Emergência Espiritual é trilhar o caminho que conduz ao além e, nessa caminhada, ir tateando fachos de luz por sobre a dissolução egoica. Esse é o ponto central da jornada. Estou certa de que a cura só acontece quando há a completa transmutação dos aspectos sombrios da personalidade. Ao avançarmos, veremos na linha do horizonte o mais belo arco-íris, repleto de luz, beleza e magia. No entanto, até chegar esse momento, é preciso ter o discernimento de que muita coisa deve ser deixada para trás. A bagagem da viagem existencial é completamente modificada, passamos a carregar apenas o essencial, tudo o mais é dissolvido no caminho.

Os tempos de incertezas, medos e apreensões foram ficando pelo caminho. A caminhada exigiu muito de mim, as experiências foram as mais intensas e reveladoras. Contudo, após ter vencido a dura batalha com meu inconsciente, a vida surgia com suavidade e muita serenidade, sem mais questinamentos, sem mais dúvidas, sem mais alterações, tudo sendo apenas e exatamente o que tem de ser. Quando a voz inquieta dentro de nós cala-se completamente, vemos a vida jorrando vida em nosso Ser.

O caminho do desenvolvimento espiritual conduz o Ser à mais alta montanha, uma subida constante que se apresenta de várias facetas e formas. Há pelo caminho muitos obstáculos, lugares desconhecidos, mata fechada e escura, mas a verdade é que seguir por ele é ter a certeza de que, ao chegar lá no alto, a visão se tornará abrangente e totalitária. A paisagem lá de cima é sempre a mais bela, é no topo da montanha que o olhar se enche de encantamento e de beatitude. Com esse olhar veremos a vida penetrando em todo Ser para finalmente ver resplandecer o que de mais sagrado há na vida.

Em equilíbrio com meu consciente e inconsciente, fui percebendo que eu me transformava em um canal a serviço de algo maior, vivenciando algumas experiências fora do normal. A comunicação ia se tornando cada vez mais clara e limpa, contudo, eu já não desejava mais entender tais fenômenos racionalmente, eu apenas deixava a vida seguir seu curso em mim. A voz do eterno em mim não era mais uma voz estranha a meu Ser. As contradições foram aos poucos se extinguido e foram dando lugar a uma só voz, compondo uma nova sintonia dentro de mim, para que finalmente eu pudesse ouvir claramente suas mensagens. Tudo se transformou em um grande milagre, a vida desabrochou repleta de novas cores e significados e eu podia sentir isso se refletindo em meus atendimentos. Eu vivia toda a graça da vida nas mais diferentes experiências que a vida apresentava. Na clínica, eu era presenteada a todo o momento com a cura profunda das feridas dos meus clientes. Eu fui me transformando em uma expectadora do grande milagre da vida na vida de meus clientes. Eu percebia que os processos deles se davam de forma diferente e suas feridas eram curadas das mais diversas formas, como o caso da cliente que chegou de surpresa para mim, dizendo:

– Olhe para meu corpo, não tenho mais nenhuma ferida. – diz ela, mostrando seu corpo completamente limpo. As feridas haviam desaparecido, elas revelavam a possibilidade de um câncer de pele. – Isso só pode ser um milagre! – Exclama ela.

– Fique tranquila, a vida é o grande milagre. Psicólogas não fazem milagres, apenas ajudam a curar feridas e a inserir luz na consciência.

Com essa claridade que se abre tudo é possível, entramos para o mundo das possibilidades.

– Então, como você explica o que me aconteceu?

– É muito simples. Há coisas que não entendemos racionalmente, que são vistas como mistério. O mistério não conseguimos entender racionalmente, mas acontece, devemos aceitar e agradecer pelo que lhe aconteceu. É provável que esses momentos de terapaia lhe oportunizaram entrar em contato com seu curador interior. Entendo a psicologia como uma caminhada a dois, percorrendo o caminho para desabrochar no cliente o curador interior, a fonte da saúde que, em muitos casos, se encontra adormecida. Fico feliz pelas feridas terem desaparecido completamente.

– Mas em tão pouco tempo de terapia? Não tenho mais nenhuma ferida, nem para fazer a biópsia que está marcada.

– Tem certeza de que você gostaria de ainda tê-las? Acho que não.

– Não consigo entender.

– Não entenda, apenas sinta e agradeça a beleza da vida. Sua vontade de se curar lhe curou. A vida é isso, temos em nós a cura de todos os males, resta apenas contatar a sabedoria interior. Quando finalmente conseguimos, tudo pode acontecer. Você conseguiu curar suas feridas, é o que importa.

Assim adentrei em um novo momento existencial. Fui aos poucos colhendo os frutos da intempestiva jornada. Havia um sentimento profundo de tranquilidade, uma plenitude. A nova consciência floresceu completamente.

Agora, de forma tranquila e serena, escuto a voz do eterno se manifestar novamente em mim:

– Chegamos lá?

– O lá é o aqui e agora, é o momento presente, nem no passado nem no futuro. Viajei no tempo para lhe encontrar e finalmente pude entender que o agora é o melhor lugar. Continuarei a caminhada nesse completo estado de presença.

– Posso pensar que você finalmente conhece a verdadeira felicidade, como eu havia lhe prometido no início de tudo?

– Sim. O sentimento de felicidade brota da alegre sensação de completude. A felicidade não deve estar atrelada a nada externo, ela desabrocha de dentro quando permitimos que o sopro da vida inunde nossa casa existencial. Aqui reside a verdadeira felicidade e o mais profundo sentimento de paz. Tudo é do jeito que é porque assim tem de ser, nasce daí a sensação da mais perfeita harmonia.

Viver isso tudo é ir experimentando de forma cada vez mais serena e suave o estado de consciência autorrealizado. Viver nesse estado de consciência é contatar no Si mesmo um sentimento profundo e verdadeiro de grande alegria, de júbilo e de felicidade. Tais sentimentos desabrocham da sensação de serenidade e da segurança interior que se adquire em tal processo. Gradativamente a paz vai invadindo todo Ser e preenchendo tudo de uma profunda paz interior, florescendo e renascendo do puro amor. Emergir de uma Emergência Espiritual é permitir e ver brotar o Ser essencial, na mais completa sintonia e harmonia, em uma profunda comunhão com a Vida Universal.

Diz a voz do eterno:

– Feche seus olhos e volte ao seu sonho onde você carregava uma caixa com uma grande descoberta, mas que não sabia exatamente o que havia dentro. Veja se agora enxerga.

Ansiosa para saber o que havia dentro da caixa, fiz um relaxamento e busquei esse sonho em minhas recordações, finalmente poderei abrir aquela enigmática caixa que guardava um tesouro. Ao abri-la, encontro uma linda esmeralda em formato de coração.

– Essa é a representação da mais nobre verdade, o amor, a verdadeira alquimia. A pedra foi lapidada e transformou-se na preciosa pedra filosofal, a jornada da alma florece do mais genuíno amor. Desse sentimento verdadeiro e poderoso explode a vida em possibilidades, é o ouro da caminhada, a grande conquista.

– Não acha que minha jornada teria sido mais fácil se tivesse me dito isso antes?

– O amor não se diz, não se explica, se aprende em cada lição. Você está preparada para a próxima lição?

– Pelo amor de Deus, chega de internações psiquiátricas, chega de experiências arrebatadoras! Não me faça mais lhe seguir por caminhos íngremes, já lhe apreendi dentro de mim. Estou repleta da sua paz, quero assim permanecer.

– Sua próxima lição é bem simples.

– É mesmo? E qual seria essa missão?

– Será escrever sobre suas experiências ao longo desses três anos, foi o combinado no primeiro encontro.

– Não, desculpe-me, mas isso não poderei fazer, jamais. As pessoas não entenderiam, meus clientes não entenderiam, seria uma exposição que não desejo. O amor e cuidado que sinto por eles não permitiria que eu revelasse essa intempestiva jornada. Vivi todo esse processo sem deixar de trabalhar, por encontrar nos espaços terapêuticos o grande sentido da minha vida. Amo demais minha profissão, realmente não posso fazer isso.

– Sei que muito aprendeu sobre desapego, confiança e fé ao longo da jornada, sei que aprendeu grandes lições e a principal delas foi a de aprender a confiar plenamente em Deus.

– Não confio em Deus.

– Não?

– Não se trata de confiar, eu sinto ele em tudo que vejo, em tudo que vivo.

– Sentir ele é estar em um profundo contato com a verdade da vida. Agora está na hora de aprender o verdadeiro significado da palavra Entrega.

– Não, por favor não me peça isso, seria demais para mim. Não me peça essa entrega, apenas peço que se cale!

– Em que consiste a entrega, Clezelda?

– Não encontro palavras para definir entrega. Penso que deve ser algo muito grandioso, uma entrega completa.

– Então me mostre em atitude e revele sua experiência. É justamente pelo amor aos seus clientes que você deve contá-la, afinal, está em sintonia com o foco da sua terapia, o desenvolvimento espiritual.

– É diferente. Não poderei fazer isso, pois colocarei em risco minha carreira. O que me pede é demais para mim, tente entender. Eu falaria de algo que está além das palavras, pois é vivido, sentido, intuído, está além das minhas capacidades. Não sei de ninguém que tenha vivido tal experiência e tenha conseguido transformá-la em palavras, é impossível.

– Pense nas inúmeras pessoas que vivem o mesmo processo e ficam presas nas jaulas da incompreensão, presas nos olhares na patologia sem encontrarem força para prosseguir em sua evolução espiritual por serem vítimas do olhar fragmentado, que tanto dissocia em vez de integrar. A psiquiatraia tradicional ainda não conseguiu se abrir e incorporar o espiritual em sua prática.

– Tenho consciência dessa verdade, vivi-a em minha prática, senti seu drama em mim, mas não posso fazer nada a esse respeito. Apenas busquei a minha forma de entender o que vivia, de integrar minhas vivências, de aceitar o invisível em mim.

– Você está agindo de forma infantil; maturidade é o que lhe peço. Agir com medo do julgamento é ainda ser prisioneira do olhar do outro, e isso não é ser livre. A maior prisão de um ser humano é desejar se ajustar a uma patética normalidade, promovendo, assim, sua mais limitante prisão. Você tem a oportunidade de provocar questionamento e reflexão sobre o tema, deseja agora seguir em visões alienantes e distorcidas?

– O julgamento pouco importa, o que importa é o ganho da jornada, a beleza das curvas da caminhada até finalmente poder dizer Eu Sou e me ver livre de qualquer rótulo ou prisão. Com certeza o período mais difícil da minha vida, mas, ao mesmo tempo, o mais belo e rico. A Emergência Espiritual durou três anos, três internações psiquiatricas, uma internação na qual quase perdi a vida, um divórcio e muitas perdas pelo caminho. Contudo, nunca me senti tão plena e feliz em toda a minha vida, e isso só pode ser em decorrência da força espiritual que se contata em um momento como esse.

– Então não há por que esconder a jornada. Tente encontrar a forma escrevendo, acredito que você finalmente venceu seus preconceitos e hoje é capaz de realmente entender o significado da frase "todos somos um".

– Encontrar-lhe é encontrar a paz dentro de mim, mas jamais o sossego.

– Finalmente conseguiu descobrir o seu epitáfio na vida.

– É mesmo? Sempre pensei nisso, e qual seria ele?

– Um espírito que se realizou! Apenas isso. Agradeça a mim por ter revelado seu grande sentido existencial. Difícil?

– Fácil não foi, mas chegar até aqui faz tudo valer a pena. Sou apenas gratidão.

Viver uma Emergência Espiritual é permitir que ela retire da vida tudo o que é desnecessário e pouco valioso. Podemos pensar nela como uma completa varredura na vida, na qual só permanecerá o que realmente importa. É um processo violento, que lança o Ser em um rio agitado. Nele e através dele veremos germinar a possibilidade de purificar tudo o que há de mais escuro e indesejado, como consequência das duras experiências. Adquire-se, assim, o olhar ao essencial, na trilha que conduz ao coração.

Viver esse despertar é ter consciência de que toda a revolução experenciada durante o processo vem do mundo espiritual inundando completamente o Ser, que não encontra alternativa além da promoção das mudanças necessárias e desejadas para a conquista de uma nova visão. É nesse profundo encontro que o ser humano tem a oportunidade de receber um novo corpo, o corpo espiritual, que fornece ao peregrino ou ao Ser que se abre a tal experiência toda a sabedoria e a verdade que habitam em nós em forma latente, faz contatar com poderes ocultos e revela o caminho para o encontro com Deus. É aí que surge a possibilidade de transcender a matéria, o tempo e o espaço.

Essa é uma jornada profunda, que abre portais para a exploração dos mais diversos níveis de consciência. Contatar esses novos limites interiores é saber que o Ser será lançado para o despertar de partes desconhecidas e adormecidas, que irá conduzir a mente e o coração a lugares distantes e completamente novos, fazendo despertar, também, toda a beleza do universo para ver brotar o elo essencial, a conexão fundamental. Podemos pensar essa experiência como a grande oportunidade de aceitar, de reconhecer, de assimilar e de integrar a saúde e a beleza do coração intuitivo e compassivo, abandonando a mente materialista e reducionista. Desse precioso encontro, veremos surgir a verdade perdida sob o véu da nossa mente e das construções ilusórias que adquirimos a cerca da nossa falsa noção de Eu. Chegar a esse momento é desenvolver uma postura de completa abertura para a oportunidade de transcender o dualismo, os opostos, as polaridades e, então, ver brotar a experiência da nossa natureza unitiva, para dar fim à falsa ideia de separatividade. Nesse ponto contatamos a unidade indivisível.

Percebe-se aqui que o eu individualizado surge como uma manifestação do Si mesmo, comunicando-se plenamente com o inconsciente. Construir essa ponte confiável é reconhecer que o inconsciente perde a representação de algo desconhecido ou misterioso; fica a certeza de que nele está o tesouro que faz brilhar a nova consciência. Assim, o que se pode revelar é que, com essa comunicação em equilíbrio e harmonia, o eu se manifesta ao Si mesmo, orientando o caminho do Ser a partir da proposta de realização do Si mesmo, não mais com oposições, não mais em contradições, sendo apenas a completa rendição ao essencial e à essência, em conexão com a vertente que jorra vida na eternidade do Ser.

Longe eu estava
Perto tu estavas
Longe te encontrei
Habitavas em mim
E eu a ti desconhecia
Enchestes tudo de presença
Repleta de ti me transformei
Ouvi teu grito no escuro

Acordaste-me de um sono profundo
Enxerguei tua luz nas sombras
Saboreei teu amor e tua paz
Tocastes minha alma
E em ti Renasci
Na plenitude do teu amor.

Capítulo XIII
Refletindo a jornada

A espantosa realidade das coisas é a minha descoberta de todos os dias. Cada coisa é o que é, e é difícil explicar a alguém quanto isso me alegra, e quanto isso me basta. Basta existir para ser completo...

Fernando Pessoa (Poemas completos Alberto Caeiro)

O olhar lançado agora para essa intempestiva jornada éde quem enxerga esse todo como a possibilidade de abandonar a velha forma representada por um olhar duro e acinzentado, de concepções falsas e relativas, para deixar brilhar a consciência dourada, que emerge quando a sombra do inconsciente é por fim iluminada. Foram três anos vivendo essa jornada cósmica ou jornada da alma, revendo o processo e reavaliando os frutos da caminhada. Posso, por fim, afirmar que o sentimento de felicidade e de plenitude se faz presente, e isso por ter vencido os mais dificeis obstáculos, momentos de dor, de perdas, de inseguraça, de incompreensão, de exercício constante do desapego, de abandono de uma forma de ser estar no mundo. No entanto, também posso afirmar que foi um momento de descobertas e de revelações, de contatar verdades que esperavam o tempo certo para serem assimiladas. Fica a certeza de que cada ser humano é único em sua trajetória espiritual. Dentro de cada ser humano há um oceano a ser desvelado, onde reside a sabedoria e a força para superar os obstáculos que interpelam a caminhada. Ter em mente que o mestre se encontra dentro de nós esperando o momento certo para despertar e vir para a vida, que é seu lugar, faz aumentar a conexão com o essencial e é daí que verte a sabedoria da vida. Contatar toda essa sabedoria e riqueza deve ser o propósito maior nessa caminhada.

Ao avançarmos em nosso processo existencial com uma maior consciência, e desnudando os inquietantes aspectos racionais de interpretar o universo, contatamos o Ser essencial, que vive imerso no eu mais profundo em concordância com o espiritual. Ao atingirmos tal estágio, cessam os questionamentos e as dúvidas a respeito das pertinentes questões existenciais. Desenvolve-se, com isso, a entrega completa, a união com o cosmos, fonte de onde brota o que de mais sagrado há na vida, alcançando o lugar no qual há uma ligação profunda com o eterno. É alcançar o olho do espírito que tudo vê, com um olhar que enxerga além das fronteiras porque há o completo reconhecimento do todo, sendo ele o todo e o todo nele. Assim, nessa profunda comunhão, desabrocha o Amor em sua vastidão, conduzindo o viver na sua mais plena imensidão, sendo tudo e sendo nada, na melodia perfeita, na sua mais variada forma de expressão.

A sociedade, em sua visão fragmentada e dessacralizada de ser humano, promove cada vez mais o adoecimento, sem levar em conta a força da saúde, que teima em se fazer plena diante de uma crise ou doença, na qual pode estar implícita a força da vida que quer brotar. Viver uma crise de transformação ou uma crise espiritual em meio a essa realidade é, antes de tudo, uma luta solitária, que empurra as verdades consolidadas para lugares obtusos e faz abrir novos questionamentos em meio a uma tempestade de possibildades e verdades. Fui convidada a experenciar essa abertura de visão em meio às maiores adversidades, enquanto enfrentava a trama do adoecimento, conforme a psiquiatria, da minha mente. Eu via ao fundo uma vasta gama de conexões e sincronicidades que me faziam acreditar no potencial de saúde e cura das minhas experiências. Assim, resolvi apostar e elevar meu olhar nesse sentido. Para isso, precisei desfocar o olhar para fora, onde tudo se configurava no mais terrível dos cenários e busquei em mim a saída, a senda que me conduziria à luz que vislumbrava no meu mundo interior, pelo contato com meu *self*, meu espírito.

Vivenciar essa jornada, experenciar o inconsciente vivo em sua trajetória rumo ao infinito é, ao mesmo tempo, deixar morrer um Ego que se vê onipotente em suas verdades construídas e abrir espaço humildemente para as verdades da vida que impulsionam para o novo, para o mistério, para territórios desconhecidos, e que, exatamente por isso, pode resplandecer em nós como força destrutiva e voraz, que a tudo faz dissolver no lado de fora. Algumas vezes há a noção exata do fim de tudo, da morte completa, em outras há a vida repleta de novos significados. Nessa dança entre vida e morte é que se dá o equilíbrio entre inconsciente e consciente: o primeiro ligado ao eterno, ao infinito, ao absoluto; o segundo ligado ao relativo, ao finito e às ilusões. Dessas interconexões brota a semente da vida, fazendo nascer uma consciência plena e em genuína comunicação com os valores supremos da vida, contatando a verdadeira inteireza do Ser.

A paz e o sentimento de felicidade são consequência da longa trajetória que pôs fim à dualidade entre ego e *self*, que fez assimilar a força do espírito em mim. Sim, eu sofria com um espírito inquieto, contudo, ao permitir que ele se fizesse presente em mim, tudo se transformou em harmonia e paz. Sua presença me levou a tempos remotos, a outras encarnações, desvendou todos os véus e me encheu com sua força e grandeza. Permitindo que eu acreditasse que ele teria a melhor forma de conduzir minha vida, encontrei nele a arte de ter fé e a coragem para atravessar a escuridão a qual fui lançada e de lá renasço para a nova vida completamente integrada. Eu diria que o sentimento de unidade é uma representação simbólica do instante em que os mais variados arquétipos começam a dissolver sua energia a um só, calando as vozes, brotando, assim, uma só voz, clara, firme e verdadeira. É dela que surge a oportunidade de melhor compreender a arte de viver a vida em uma forma mais genuína.

Sou consciente de que saio vitoriosa dessa jornada por não acreditar em rótulos vazios, com falsas pretensões de interpretar vidas. Isso serve apenas para acalmar Egos que buscam estruturar a patologia e manter seu lugar seguro. O inconsciente é, sim, o lugar do mistério e do desconhecido, mas precisamos compreender é que ele tem seu próprio roteiro, que deve ser lido para ser apreendido em sua jornada e, assim, dar a luz a seu propósito existencial. Enquanto não tivermos essa clareza, permanecerermos prisioneiros da sombra em sua tirania.

Precisamos avançar, revelar o que há para além da ponta do *iceberg*, representada pela ínfima parte da consciência a qual estamos confortavelmente vivendo e acreditando ser a representação do todo. Não, é um completo engano, precisamos ir além, precisamos aprofundar o olhar para dentro de nós mesmos, sem medos, sem receios, pois há dentro de nós um mundo aguardando o tempo de ser revelado. Nele contataremos a possibidade do vir a Ser em todo seu esplendor. É dessa profundeza que adentraremos em toda a pureza da vida.

A lição disso tudo é compreender que o grande paradoxo da vida é que, quanto mais nos desapegamos de tudo, mais ganhamos tudo. Deixei a vida segura de desejos e de apegos para trás, encontrei o nada mesclado à finitude de uma velha forma de Ser. Desse encontro com o nada ganhei tudo, bebendo diretamente da fonte abundante do eterno. Nesse espaço o que existe é a sensação mais sublime, pois dele brota a riqueza da vida, preenchendo de beleza, de harmonia e de paz a existência.

Todos temos dentro de nós uma imensidão a ser desvelada. Temos o divino, adormecido, esperando o tempo de acordar para que possamos finalmente dizer: *humanos, completamente humanos*. Para que esse dia chegue, precisamos abrir espaço para o espiritual, para o Deus vivo dentro de nós, além de teorias ou de religiões, além de olhares vendados e encobertos por grades nas janelas, que servem apenas para dissociar o olhar e afastar o essencial ao desenvolvimento evolutivo. Encontrei na Alquimia a verdadeira ciência para decodificar meu viver, pois surge dela o grande tesouro, a conquista do ouro que brilha no novo olhar adquirido.

Esse processo é uma trajetória que exige, acima de tudo, confiança, entrega e fé. Esses são os ingredientes básicos para permitir a semente da transformação dentro de nós, e é também o encontro com a graça de Deus. Sim, é decodificar suas mensagens e encontrar toda a graça, para finalmente compreender que Deus é humor, beleza, verdade, leveza e amor. Chegar a essa compreensão leva tempo, nossa tendência é tornar tudo muito denso e muito mais sofrido do que realmente é. Não desejamos sofrer, não queremos sentir dor, queremos receitas prontas para a felicidade, mas ele mostra suas verdades à medida que nos tornamos aptos a compreender seus desígnios e nos colocamos a serviço da vida como uma passagem que nos conduz à verdadeira sabedoria, à luz da eternidade.

Sou psicóloga, e viver todas essas experiências fez de mim uma profissional mais capaz de entender e de acolher as feridas humanas. Sei que, como seres humanos, somos sedentos por compreensão, confirmação, e justamente por isso é vital para quem vive um processo como esse ser reconhecido em sua totalidade. Durante minha trajetória, encontrei muita incompreensão, medo e desconfianças, contudo, tive a sorte de encontrar também um profissional transpessoal, em alinhamento com sua teoria e prática, que soube ver através de toda escuridão que eu vivia algo luminoso. Esse reflexo me fez acreditar em tudo o que eu estava vivendo, transcendendo as amarras da doença para conectar-me com a saúde. É por isso que entendo como algo de suma importância o discernimento dos profissionais a respeito do tema.

Um cliente de nove anos, ao tentar me explicar seu amor por uma menina, diz: "ela é feinha por fora, mas tem o paraíso por dentro." A pergunta que me fica como profissional de saúde mental é: será que estamos conseguindo enxergar e nos conectar com o paraíso do outro, do nosso cliente/paciente, ou nosso foco é o inferno e sua repercursão em suas vidas? Se formos honestos ao responder essa questão, iremos conhecer também o resultado que obteremos.

Nubor Facure, em 1985, profetizou de forma muito otimista que em cinquenta anos os hospitais aceitarão como rotina a prática de terapias espirituais, inclusive de cirurgias. Ele comenta que os médicos compreenderão a necessidade de diagnósticos das lesões do corpo espiritual. Em cem anos, todo o processo de cura contemplará a análise profunda das causas cármicas, estudando-se as reencaranções. Afirma ainda que o exame da aura e do corpo espiritual permitirão diagnósticos antes de se manifestarem as lesões físicas. Tenho consciência de que ainda estamos longe dessa visão, contudo, esse é, sem dúvida, o caminho a ser percorrido e desenvolvido por quem realmente deseja focar a arte de acolher o ser integral.

Visando traçar um caminho de integração de todas essas experiências que vivi com a minha prática profissional precisei dar continuidade ao meu desenvolvimento e encontrar um elo entre experiência prática e a vida profissional. Dessa forma, busquei o embasamento teórico mais adequado e coerente com a minha prática de vida, encontrando na Psicoterapia Reencarnacionista e na Psicologia Espírita a essência para meu aperfeiçoamento profissional, incorporando a parte espiritual à minha prática. A proposta da psicologia espírita visa traçar uma conexão da psicologia transpessoal com a teoria junguiana. Por meio dela, contato a fonte de sabedoria para nortear minha caminhada. Com essa integração, que visa despertar o ser integral, firmei meus passos, e apliquei-a também à prática profissional. Na Psicoterapia Reencarnacionista, encontrei uma ferramenta viável de trabalho, por ser uma teoria que desvenda os aspectos do ser humano em sua jornada espiritual na Terra. Com ela teremos a possibilidade de desenvolver um novo olhar das questões existenciais e espirituais, ajudando o ser humano na busca de uma vida mais plena e integrada, pois seu olhar vai também ao encontro do ser humano em sua inteireza. Assim, pude ampliar meu olhar a partir desses referenciais e encontrar o que precisava para seguir a caminhada profissional, rumando sempre à integração da prática com o profissional.

Ao final da jornada, concluo que, durante esses três anos, desconstruí uma forma de ser. Assim, adentrei em um novo estágio da consciência, a real habilidade de apreender a unidade do Universo, de sentir nele e por todo ele a presença do Criador. Aprendi a sentir-me livre dos apegos, dos temores do mal, da morte, passei à verdadeira compreensão de Ser. Fui levada a concluir que o Amor é a maior verdade, que nessa profunda conexão amorosa tudo pode acontecer. Ele é a energia suprema que alivia e supera barreiras, criando pontes para o infinito e para do infinito retornar, com a visão apurada e precisa das formas mais belas do existir. Atingir a consciência dourada é permitir desabrochar a semente do otimismo e da fé, compreendendo e enxergando no sofrimento e em todos os acontecimentos que atravessam o caminho como um sinal a dar sentido à trajetória. Assim, encontra-se um meio para alcançar o objetivo do Ser essencial, transcendendo as barreiras do suportar o sofrimento para transformá-lo em oportunidade de aprofundar a consciência. Somos seres sedentos de sentido, e aprender a arte do desapego, da confiança, da entrega e da fé é um caminho a ser seguido e incorporado a uma visão da não dualidade. Dessa aproximação com o Ser essencial surge o enfrentamento da morte e a ressurreição. Dessas constantes mortes e renascimentos desenvolveremos a apreensão do Aberto, ou a quintessência, o aberto para o aberto. Adentrando o estágio do rubedo, ou Operação Vermelha, o estágio que encerra o percurso, se produz a pedra filosofal. O ouro brota das profundezas do eu espiritual, preenchendo tudo ao redor com a mais profunda graça, capacitando o Ser para extrair da vida o mais saboroso néctar.

Gira, gira, sempre a girar,
faz-se o movimento circular, vital
inconsciência repleta da clara luz,
onde ontem refletiu a escuridão
tal como tal és agora, pura consciência iluminando o caminho
um dia vastidão, no outro, imensidão, clareia a imensa chama do porvir
vórtice redentora, mescla de luz o novo amanhã
chama da eternidade dançando entre ontem, hoje e amanhã
Assim veste teu viver, na ânsia profunda na procura do Ser
inteiro, completo, repleto
Sendo o hoje, deixando o passado e prevendo o futuro
Ser o Sendo é aqui,
dinamicamente comprometido com o Agora
direto da profundeza da tua eternidade
mansamente acalenta o futuro
união perfeita do inconsciente e da consciência
numa flutuante espiral dialética

revelando a mais pura forma de Ser, desabrochando da própria essência

em sua transitória jornada para verdadeiramente poder Ser

Massa revestida pelo sopro da vida, sedenta da verdade, inclusa em dias ainda não vividos

És o tanto que ainda não encontra e procura

o tanto que ainda falta

Tateando tonta na vida que renasce em esplendor...

Assim nasce e renasce a vida, em sua espetacular forma de deixar ser o Ser que habita teu Ser.

Dinamicamente és eternidade, ligada ao centro da terra

irradiando a perfeita comunhão com o todo

Agora pulsante, significa o todo, revestido da essência que se fez vida

permitindo ao Ser, Ser na sua inteireza.

Dessa explosão de significados, sentido, um vir a ser

Renasce em parte e por toda a parte o Ser do Amor

Que semeia a semente do novo fruto

Tendo a vida a gerar...

Capítulo XIV

Dicas para superar a Emergência Espiritual

Só aquilo que somos realmente tem o poder de curar-nos.
Carl Gustav Jung

É importante ter o conhecimento sobre o que está acontecendo, procurar conversar com pessoas que passaram pela mesma experiência ou buscar na literatura uma ampliação do olhar.

* Como a consciência se vê aturdida pelo influxo de luz que recebe, é importante buscar atividades práticas para focar a atenção: jardinagem, trabalhos manuais, pintura, dança, canto, o que for interessante para pessoa e que a ajude a se religar com a própria essência.

* Atividades profissionais e compromissos diários devem ser mantidos, pois a pessoa que passa por tal experiência tem sua consciência preservada e por isso é possível seguir suas atividades normalmente.

* Reserve um tempo para estar consigo mesmo para, assim, melhor integrar os conteúdos que vão se manifestando no processo.

* Tenha clareza e discernimento que é um processo com início, meio e fim. O tempo dependerá de cada pessoa e da forma como ela integra o processo e o novo olhar em sua vida; pode levar meses ou até mesmo anos.

* Busque um profissional para acompanhamento que tenha conhecimento sobre o assunto, isso facilita muito a jornada. Um ambiente acolhedor e receptivo pode trazer grandes benefícios para quem se vê imerso em uma trama espiritual.

* Busque atividades esportivas e uma alimentação equilibrada, tendo muito cuidado com a ingestão de álcool, pois é muito comum o abuso dele na tentativa de acalmar a mente. Isso pode desencadear mais problemas.

* O uso abusivo de medicação é perigoso e desnecessário, pois não se trata de um problema orgânico. Contudo, em alguns casos, um ansiolítico pode ser de grande ajuda para tranquilizar a pessoa frente a todas as tranformações pela qual ela está passando.

* É um período de enfrentamento de muitas mortes simbólicas, de transformações e de abertura de consciência. É fundamental que o indivíduo tenha discernimento de que se trata de mortes simbólicas, e não da morte do corpo. Algumas pessoas, por não terem conhecimento do processo, ao se encontrarem frente a tantas mortes, não suportam as profundas transformações para as quais são lançadas e acabam com suas vidas. Esse é um alerta para o perigo real do processo.

* As sincronicidades estão muito presentes nesses processos e devem ser decodificadas e integradas em suas histórias como mensagens a guiar a busca do sentido maior.

* Escreva sobre os conteúdos vividos e sobre os sonhos, isso pode ser uma grande ferramenta para a integração e a elaboração do processo.

* Entenda que esse é um processo de limpeza, de reforma íntima. Assim, é necessário trabalhar constantemente os conteúdos inferiores da personalidade, dando um sentido maior a existência.

* A entrega, a confiança, o desapego e a fé devem ser as ferramentas básicas para o enfrentamento do novo mundo que surge. É necessário deixar partir o velho e abrir espaço para o novo. O indivíduo é empurrado a fazer uma reformulação do seu jeito de Ser no mundo. Deixar acontecer suavemente as transformações é vital e necessário. Tentar não estagnar o processo com apegos é a forma mais lúcida de encarar a jornada, pois só permanecerá o essencial.

Tenha discernimento de que não é doença ajuda a ganhar confiança e a dar seguimento à integração do que se vê.

* A meditação é o melhor remédio. Resevar um tempo para a conexão com a essência, ouvindo o seu eu verdadeiro, confiando na

sabedoria interior em uma abertura de entrega ao eu mais profundo garante o elo primordial com o eu superior.

* O Ego se vê abalado em suas verdades, pois é fruto de uma construção social baseado em verdades prontas e construídas que serão colocadas à prova em tais processos. Quanto mais força egoica, mais dúvidas, sofrimento e atraso.

* Permita-se trabalhar o lado sombrio da personalidade, transmutando seus conteúdos.

* Ter clareza de que o que se vai é uma visão distorcida e ilusória da vida para a entrada de uma forma de Ser mais madura e espiritualizada é uma rica oportunidade evolutiva. Tudo que se vive deve ser apreendido e compreendido nesse sentido, o melhoramento do si mesmo entrando em concordância com o eu espiritual, limpando as inflamações do olhar e desenvolvendo o olho do espírito.

* O desenvolvimento da mediunidade é um resultado possível do processo.

* Busque o sentido de tal experiência para existência e também o seu propósito existencial, a razão de estar vivendo isso tudo e como integrá-la a nova vida. Muitas vezes, a pessoa se torna um canal para o mundo espiritual, e deve encontrar como viver a partir daí, aceitando completamente o novo momento.

* O desepertar da consciência cósmica é fruto dessa jornada, um Ser em equilíbrio com a matéria e em comunicação com o todo.

* A limpeza provocada pela Emergência Espiritual coloca a pessoa frente a suas verdadeiras potencilidades e possilidades. No âmago do ser essencial brota a nova vida, repleta de novos significados e de força, em concordância com seus valiosos recursos internos.

* Busque integrar positivamente essa nova forma de Ser em suas atividades cotidianas, integrando os mundos. Essa deve ser a meta de tal processo, um ser humano mais completo e integrado vivendo uma vida mais plena, feliz e satisfatória, em total alinhamento com seu eu superior. Portanto, encontre na vida e pela vida o toque essencial das descobertas, revelando uma boa interação com os outros, com a natureza, com os animais, com o plano espiritual e com Deus, expressando e revelando o Ser em sua inteireza.

Carta a Deus

Há apenas duas maneiras de se ver a vida:
Uma é pensar que não existem milagres...
e a outra é acreditar que tudo é um milagre.
Albert Einsten

Deus,

Por sinuosos caminhos conduzistes minha caminhada, fez desfalecer minhas verdades, lançou-me sem freios ao abismo infernal da minha pretensa condição humana, devastou minha casa, aniquilou meus paradigmas, para, então, forçar o espaço com tua presença. Eu poderia dizer-te que de ti nada quero ou espero, zangar-me por tua forçosa manifestação, mas aqui estou para afirmar que encerro neste ponto com a certeza de que "a fé sem obras é morta". Quanto mais dura a experiência que eu vivia, mais germinava em mim a semente da minha fé, o elo essencial.

Encontrar-te no mistério das tuas verdades é reconhecer morta a minha antiga ciência. Sim, aboliram-te da ciência, não vives na frase: *Penso, logo existo*. Nessa perspectiva visual, satirizam tua existência, negam teu pulsar. Hoje sei que também és um grande cientista, tua ciência é a alquimia. Habitas a ciência do espírito, pois resides na frase: *Amo, logo existo*. Com certeza olhas para aqui embaixo e zombas, com teu riso solto, de tudo que não te contém; és humor, és amor, és verdade.

Abri a porta para que entrasse em mim revelando toda tua graça, e na simplicidade de tudo que vejo te sinto em tudo, tudo se transformou no que sempre foi desde o princípio. Desnudou-me completamente, destruindo as sólidas paredes para construir pontes para o infinito, banhou-me das tuas conexões para que eu pudesse enxergar o além. Tua realidade por vezes machuca, mas a glória de enxergar teu brilho em tudo aplaca qualquer sofrimento humano. Viver a tua loucura, a loucura divina, é transcender a loucura humana, aquela que aprisiona o olhar e a alma. É acordar em um mundo repleto de significados e de sentido, é ler tuas mensagens e decodificar teus sinais para finalmente poder dizer que a vida de verdade é a mais bela sinfonia, em uma dança perfeita entre corpo, mente, alma e espírito. Imersa na tua paz, encontrei a mim por inteiro. Não há mais mistério, não há mais o que entender, sobrou apenas a vida que deseja seguir vivendo...

Minha prece a ti vem em forma de interrogação: será a vida algum dia palco de toda tua obra e ciência?

Por hora, aquieto minha alma e meu espírito, rogando a ti que eu seja apenas um instrumento da tua paz e do teu amor nessa curta jornada pela Terra.

Reflexões Finais

Refletindo sobre os dados encontrados nesta jornada é possível vislumbrar a complexidade que envolve o tema. O entendimento e o esclarecimento foram sendo descobertos a cada passo, a cada momento vivido, a cada experiência transcendida. Cada detalhe possibilitou uma reelaboração do já existente, ou ainda uma ressignificação do que estava oculto, esperando o momento de ser clarificado, revelando, assim, um novo sentido possível. Para mim isso foi muito curioso, precioso, elucidativo e gratificante. A surpresa diante de todo o processo não foi a descoberta do que estava oculto, mas o espanto diante daquilo que já se pensava conhecido, o que estava esperando o momento de se fazer presente na consciência.

A elaboração deste estudo não se deu apenas a partir de um conhecimento teórico do assunto, e sim, antes disso, a partir de uma prática que necessitava urgentemente ser entendida e integrada. Assim, essa história foi sendo costurada ponto a ponto, foram sendo tecidas linhas entre conteúdos da consciência e do inconsciente a fim de ir clarificando e dando um sentido ao processo. Foi preciso ir além do confortável e do conhecido mundo para emergir em um mundo desconhecido e surpreendente, o qual não traz promessas de segurança ou de zona de conforto. Então, resplandeceu a vida em sua total dimensão, em um universo repleto de possibilidades.

Foram muitos os momentos de dúvidas e de incertezas, mas também era inegável que, à medida que eu ia avançando, eu ia também inserido pingos de luz na consciência, o que garantiu a transcendência ao processo positivamente. A relação entre o ganho de consciência e o processo alquímico é baseada na reflexão de que a transmutação do chumbo em ouro, uma das maiores metas dos alquimistas, simboliza, na verdade, a transformação do ser humano imperfeito, enfermo, corrompível, efêmero, simbolizado pelo chumbo, ou saturno, em um estado saudável, ligado ao eternofonta de luz que é simbolizado pelo ouro, meta primeira e final de todo o processo da alquimia, o sol brilhante da jornada.

A pedra filosofal tão almejada, na verdade, é uma expressão do ser que é despertado do seu sono, um ser que adormecido permanece inerte no próprio ser, contudo, ao dispor dos estímulos apropriados, veremos o ser aflorado, desencadeando o processo de cura e transformação espiritual, é possível relacionar o elixir da vida, ou panaceia universal, que simboliza a cura de todos os males, o qual é muito procurado pelos alquimistas, com a vida eterna pregada por Jesus Cristo. Nesse caminho iremos ser tocados profundamente pela vida eterna, que ultrapassa infinitamente o mundo material. Essa disposição e forma de ser só é conquistada no momento que desenvolvemos em nós a arte de morrer completamente e dessa arte aprender a renascer em uma nova consciência, um novo olhar no mundo e para o mundo.

Estamos mergulhados em um mundo onde o ser humano comum perdeu o contato com sua parte divina, seu Ser Superior. Resgatar esse contato é ir ao encontro das verdades reveladas por meio da alquimia, a qual nos faz um convite para cavoucar, ganhar profundidade, ir além da forma. Ela visa buscar a mais profunda transformação, abandonando a linha de conforto do Ter para fazer germinar o Ser, em outras dimensões e visões, e permitir Ser aquilo que está aprisionado e obscurecido no seu próprio Eu. Assim, renascerá o Ser em sintonia profunda com sua divindade, integrando seus aspectos humanos e também espirituais, para só então se ver desabrochar na nova vida em sua completa inteireza.

Ao final deste estudo, fica a certeza da real necessidade de mais investimento e abertura por parte dos profissionais. É preciso que se entenda o que vem a ser uma Emergência Espiritual e sua repercussão na vida das pessoas que por ela são surpreendidas. Para avançar e aprofundar o conhecimento na área não se pode medir esforços. É necessário tornar cada vez mais claro e conhecido tal tema, investindo em pesquisas e ampliando o olhar da psiquiatria tradicional, a qual deve aprender sobre o ser humano com tais experiências em vez de simplesmente banalizar e negar o inerente valor evolutivo e de cura da Emergência Espiritual.

Finalizando essa jornada, constato toda riqueza de ter enfrentado os momentos mais difíceis da minha existência, tecendo e costurando novos saberes dentro da minha própria evolução humana. A abertura a esse novo mundo se deu de forma indelével. O valor dessa experiência em mim revela o tesouro da libertação completa de uma visão parcial e limitada. Desenvolvi em mim a arte de enxergar, em uma perspectiva de profundo equilíbrio entre consciente e inconsciente. Surge, daí, o Ser, em sua vasta gama de possibilidades.

Vivemos uma nova era, a era do espírito, e os sinais dessa transformação estão por todas as partes. O Ser humano necessita urgentemente ser compreendido em sua inteireza. Por isso, é vital encontrarmos o elo essencial entre Ciência e Espiritualidade. Somente a partir dessa união veremos um novo mundo, acendendo completamente uma nova luz na trajetória de nossas consciências.

Referências

Grof, S. e C. Grof, orgs. *Emergência Espiritual: Quando a transformação pessoal se torna uma crise.* São Paulo: Editora Cultrix, 1992.

Grof, S. e C. Grof. *A Tempestuosa Busca do Ser: Um guia para o crescimento pessoal através da crise de transformação.* São Paulo: Editora Cultrix, 1998.

Jung, C. *Psicologia e Alquimia.* Rio de Janeiro: Editora Vozes, 2009.

_________. *Símbolos da Transformação.* Rio de Janeiro: Editora Vozes, 9 ed. 2011.

_________. *Psicologia do Inconsciente.* Petrópolis: Editora Vozes, 1978.

_________. *A Energia Psíquica.* Petrópolis: Editora Vozes, 1983.

Maslow, Abraham. *Introdução à Psicologia do Ser.* Rio de Janeiro: Eldorado Tijuca, 1968.

Saldanha, Vera. *Psicologia Transpessoal: Abordagem integrativa, um conhecimento emergente em psicologia da consciência.* Ijuí: Editora Unijuí, 2008.

Weil, Pierre. *A Revolução Silenciosa; autobriografia pessoal e transpesoal.* São Paulo: Editora Pensamento, 1982.

_________. *Cartografia da Consciência Humana.* Petrópilis: Vozes, 1978.

_________. *Lágrimas de Compaixão.* São Paulo: Editora Pensamento, 2000.

_________. *Rumo ao Infinito.* Petrópolis: Editora Vozes, 2005.

_________. et al. *Transcomunicação: O fenômeno magenta.*São Paulo: Editora Pensamento, 2003.

_________. *A Entrega.* São Paulo: Editora Pensamento, 2008.

IMPRESSÃO:

GRÁFICA EDITORA Pallotti IMAGEM DE QUALIDADE

Santa Maria - RS - Fone/Fax: (55) 3220.4500
www.pallotti.com.br